運命を拓く×心を磨く

稲盛和夫

THE GREAT PERSON KAZUO INAMORI

遠越 段 著

SOGO HOREI PUBLISHING CO., LTD

はじめに

稲盛和夫《いなもりかずお》とは戦後日本の生んだ〝最後の〟偉大な経営者である。

日本に名経営者が見られなくなり、名だたる企業が経営のかじ取りを不安視される中、ただ一人、稲盛が創業し率いてきた企業グループは成功し続けている。それはなぜなのだろうか。

私にはその答えがはっきりと見えている。

その理由は「敬天愛人《けいてんあいじん》」にある。

本書はこのことを詳しく論じ、明らかにすることをねらいとしている。

アジアに欧米列強が進出する中、植民地化に立ち向かい、しかも欧米に負けない豊かな国を築きあげた日本では、数多くの名経営者が生まれた。よく知られているところでは、松下幸之助、本田宗一郎、井深大《いぶかまさる》、盛田昭夫などである。戦前にまでさかのぼれば、渋沢栄一や豊田佐吉らの名も挙げることができる。彼らの血のにじむような努力があってこその、日本の資本主義社会の発展だったのである。

これらの偉大な経営者たちの生き方、指針を少しでも調べてみれば、そこには、確固たる信条や思想があるのがすぐわかる。そしてそのほとんどが武士道の精神に直結した気概や品格や奉仕の心、そして慈悲と利他の心であった。

それが今、日本のビジネス界、いや社会のほとんどのところから消え失せ始めてはいないだろうか。

だから、今の日本において、尊敬に値すべき名経営者を見ることができなくなってしまったのではないか。

そんな中でただ一人、燦然《さんぜん》と輝いていたのが、稲盛であった。


稲盛の徳による経営を仰ぎ見て、皆が慕い、ついていくのは、稲盛が「敬天愛人」の生き方を目指し、それを身につけ、貫いてきたからだ。「敬天愛人」などというと、何と教条的かとか、〝くさい〟とか思う人も多いだろう。しかし、それぞれに異なった存在の人間が集団としてまとまり、目的や目標に向かって打ち込み成果を上げていくことは、正しくて説得力ある〝理念〟のもとでなければできないものである。これは何も日本だけのことではなく、欧米の超優良企業研究においてもかねがね指摘されてきたことなのだ。

近時の日本におけるＩＴベンチャーを中心に次々に現れては消えていく若き経営者たちの率いる集団に決定的に欠けているのは、こうした徳、つまり「敬天愛人」のような正しくて、説得力ある理念なのである。本書ではこの「敬天愛人」の思想が一体どのようなものなのかを一つのテーマとして解説していく。

京セラの社是「敬天愛人」

稲盛が創業し、世界的規模の超優良企業となった京セラ株式会社（以降、京セラ）の本社は、京都市伏見区竹田鳥羽殿《トバドノ》町にある。西郷隆盛が明治維新の扉をこじ開けた象徴的な「鳥羽・伏見の戦い」が起きた地である。

京セラの社是は「敬天愛人」だが、この言葉は西郷の座右の銘でもあった。

京セラの本社の前の碑には、しっかりと「敬天愛人」が刻まれているし、本社内のいたるところに「敬天愛人」が掲げられている。日本の誇る英雄にして、精神的支柱であり、偉大なる政治家・思想家の西郷が、見守っているかのような会社である。社員の誰一人としてこの「敬天愛人」を忘れることができない土地と社内環境だ。

西郷の思想については、本文においても、『南洲翁遺訓《なんしゅうおういくん》』を見ながら詳しく論じているが、ここでも、しばらく「敬天愛人」を知るために〝思索の小旅行〟を楽しんでみたい。

なぜ今、稲盛和夫と西郷隆盛の考え方が必要なのか

明治以降の日本人の多くが尊敬し、生き方の手本としたい偉人であると考えられてきた西郷。

現代日本のビジネスマン、経営者、そして若者たちの多くが畏敬《いふ》し、多くを学びとりたいと欲している人物、稲盛。

この二人は、生まれた地が同じ鹿児島の甲突《こうつき》川近くであることや、京都を舞台にして活躍したことだけではなく、生き方や考え方、そして社会に大きな影響を与えた点で共通している。

ほかにも、その純粋さ、無私の心、情熱、向上心、リーダーシップ、世のため人のために尽くす姿勢、多くの人の尊敬を集めているところなど、共通点は数え切れない。

さらに、この二人は、生まれた時代はかなりへだたりがあるにもかかわらず、日本の危機的な時代に生まれるべくして生まれ、日本と日本人のために活躍しているのも似かよっ

ていると見ることができよう。

こうした二人の人生や考え方を比較しつつ学ぶことは、私たちのこれからの困難な人生において、何が重要なのか、何を大切にしていくべきかという大きな指針を手に入れることを可能にしてくれるはずだ。

必ず、大きな〝宝物〟（個人の生き方と経営者・リーダーの心構え、そして日本の進むべき道など）を見つけ出せるに違いない。

❖西郷隆盛の生涯

簡単に西郷の生涯を追ってみよう。

西郷は、一八二七（文政十）年、鹿児島の下加治屋町《したかじやまち》（現在の鹿児島県鹿児島市加治屋町）に生まれた。決して豊かな家庭環境ではなかったが、善良な両親と家族の支えで情に篤い青年に育った。

この下加治屋町では、三歳下の大久保利通《としみち》も生まれ育っている。この二人は兄弟以上の仲ともいわれ、常に二人で協力し、励まし合って成長していった。

二人の性格は情の西郷に対して、理の大久保というように全く異なっていたが、無私の心や国や社会のためにすべてを尽くすという点では同じであった。言い換えると二人が一つとなって補完し合うことで日本の新時代を切り開いていったといえよう。日本人の多くが西郷を尊敬するが、私たちはもう一人の英雄・大久保にも、ときに学ぶべきであること忘れないでいたい。

後に述べるように、稲盛は「生まれ持った性格は西郷に最も似ているが、経営者として大久保のロジカルな点に学ぶことも決して怠らなかった」と自ら述べている。

さて、西郷が世の中に出て、大きく成長するきっかけとなったのが薩摩藩主・島津斉《しまづなり》彬《あきら》との出会いであった。二十八歳のときである。

斉彬は、四十三歳にしてようやく藩主となれたが、その英明さは全国各藩の中でも突出しているといわれていた。国中が攘夷《じょうい》か開国かと騒ぐ中で、一人、国内の産業を育てたうえで外国と対等な力を持って積極的に開国することを考えていたのである。実際に、全国に先がけて、薩摩において殖産興業の具体化をはかった。

「雪」の研究者として、またエッセイストとしても有名だった中谷宇吉郎《なかたにうきちろう》は、「幕末から明治に移って、日本がなぜ一転飛躍することができたか、その謎というものが『斉彬公言行録』を読んで初めてわかった」といい、「薩摩にこれだけの科学があったんだ。これが明治期の日本に即、つながったんだ」と述べたという。

この斉彬の政策は、薩摩出身者を中心とした明治政府（特に大久保）によって引き継がれ、実現されていったのである。

こうした人格がすばらしいうえに、学識深く、視野も世界に開かれている名君の側にいて、あるときは秘書として、あるときは代理として、さらには相談相手として鍛え、育てられたのが西郷なのであった。

西郷の特徴的な思想の一つである「無私」の心も、本来の性格に加えて、論語の「思無《しむ》邪《じゃ》（思い邪《よこしま》なし）」、つまり「全くの私心なくして世のため人のために生きる」という斉彬の信条とリーダーシップに学んだものも大きかっただろう。

だが、斉彬が突然の死を迎え、西郷は辛酸《しんさん》をなめなくてはならなくなる。二度の島流し（ただしそのうちの一回は幕府から身を隠すための潜居《せんきょ》でもあった）による逆境もあった。

けれども時代は、日本は、西郷の登場を必要とした。幕府を倒し、封建制に終止符を打ち、新しい時代を開くために、西郷は薩摩の若手武士たちの熱い声で島から呼び戻され、そこから一気に明治維新を実現に導いていったのである。

版籍奉還や廃藩置県なども西郷の存在なくしてはありえなかった。

しかし、士族階級が消え、封建体制が真に終わりを告げるためには、「西郷隆盛」という巨人を犠牲にするしかなかったのだろうか。全国の士族階級の不満を代表するかのように、鹿児島の青年たちにより西南戦争が勃発した。西郷自身は青年たちの〝暴走〟は本意ではなかったが、もはや引き返すことはできなかった彼らに、そして日本の将来のために身を捧げたのである。一八七七（明治十）年九月二十四日、城山の岩崎谷がその終焉《しゅうえん》の地となった。

この終焉の地近くを、子どものころ〝ガキ大将〟として遊び回っていたのが稲盛であった。先に述べたように、稲盛が創業し世界企業に育てた京セラの社是「敬天愛人」は西郷の信条だが、「敬天愛人」の大きな碑が城山の岩崎山トンネルの上にも建っている。その碑を毎日見ているうちに、言葉が稲盛の潜在意識に深く刻み込まれていったのだろう。

❖稲盛和夫の生涯

次に、稲盛の人生を簡単に見てみよう。

稲盛は一九三二（昭和七）年一月二十一日に、城山の真下を流れる甲突川のほとりの薬師町（現・城西町）に生まれた。西郷の死から五十五年後のことである。

小さいころは弱虫で泣き虫だったが、当時はまだ残っていた鹿児島独特の子弟教育である〝郷中《ごじゅう》教育〟（詳しくは第一章で解説する）によって鍛えられ、リーダーの才覚に目覚めていったという。

家は貧しかったが、中学、高校と進学した。中学受験では二回失敗し、大学受験においても大阪大学の医学部に不合格となった。こうして地元の鹿児島大学工学部に進学することになる。

卒業後にやっと就職できたのが京都の碍子《がいし》会社・松風工業である。

碍子とは、電線に付いている白いそろばんの玉のような器具のことで、電線から電気が地上へ漏出してしまうのを防ぐ機能がある。この碍子を製作していた松風工業は経営が思わしくなかったが、稲盛は特殊磁器のニューセラミックスの研究に携わった。その中でも特に高周波絶縁性の高いフォルステライト磁器の研究を任された。

この研究の成果によって売上は伸びたが、理解ある上司が飛ばされ、任されていた自分の仕事もとり上げられたため、やむなく退社した。こうして稲盛の力を知る人たちの支援の下に創業したのが京都セラミック、後の京セラであった。一九五九（昭和三十四）年、稲盛が二十七歳のときのことであった。

ここから稲盛の情熱と不屈の精神、向上心、リーダーシップによって、京セラは成長に成長を遂げていった。

一九七四年（稲盛・四十二歳）には、東京、大阪の両証券取引所とも二部から一部に指定され、一九七五年九月には株価は二九九〇円をつけ、長くトップの座にあったソニーを抜き日本一となり、日本中を驚かせた。

その後一九八四年（稲盛・五十二歳）には、第二電電（ＤＤＩ）を立ち上げた。このＤＤＩは二〇〇〇年にＫＤＤおよびＩＤＯと合併し、ＫＤＤＩへと発展した。

京セラは、連結売上高が二〇二二年で二兆二五三億円となり、世界に約八万人の従業員を擁するグローバル企業となった。またＫＤＤＩは二〇二二年で五兆六七一七万円売上ており、京セラとＫＤＤＩの売上を単純に合計すると、二つの企業グループで七兆円を超えるほどとなっている。

官僚出身の作家・堺屋太一は、稲盛の人生について次のように述べる。

「実際、稲盛さんの生涯には、手に汗握る出世物語のすべてが含まれている。幼少期は病弱貧困、進学では挫折、就職でも恵まれなかった。その人生は決して好運なスタートではなかったし、成功が予定できるものでもなかった。

だが、稲盛さんは、その不利な条件を一つずつ成功の礎としていく。もし稲盛さんが恵まれた家庭に育ち、一流大学から中央官庁か巨大企業にでも就職していたなら、予測不能な実験を重ねてセラミックの新興企業を興すことはなかっただろう。勤めた会社が小さく貧しくて、稲盛さんの技術と情熱を許容できなかったことが、結果としては幸いしたのである。」

(『稲盛和夫のガキの自叙伝』日本経済新聞出版社)

❖「西郷隆盛が稲盛和夫のロールモデルだった!?」

貧しい家に生まれながらも、郷中教育でリーダーシップを身につけたこと。度重なる苦難を乗り越えて志を実現したこと。そのうえに人格をみがき上げていき、最終的には〝無私の人〟にまで信念を高めていったこと。

これらの共通点を挙げれば、「経営の神様」と呼ばれた稲盛の思想が、どれほど西郷の影響を受けているかよくわかるだろう。つまり西郷の教えを分析することで、稲盛の成功の秘訣も明らかになるといえる。

本書では、稲盛と西郷が残した言葉や名文を、成功に至るためのヒントとして、第一章以降の各項目の最初に並べて紹介する。両者の人生と思想を比較しつつ、「敬天愛人」という私たちの目指すべき生き方について詳しく学んでいこうと思う。

これにより、稲盛が成功し続けた真の理由が明らかにされていくことになるだろう。

なお、本書ではすべて敬称を略させていただいたことをここにお断りしておく。また本文中に引用する『南洲翁遺訓』の現代語訳は、ハイブロー武蔵著『通勤大学図解速習・西郷隆盛の教え』(小社刊)によった。

第一章

稲盛和夫と西郷隆盛

第二章 心を高める

第三章 運命を開く

第四章

理想のリーダー

第五章 目指すべき「生き方」

ブックデザイン：木村勉
ＤＴＰ：横内俊彦
校正：菅波さえ子

第一章

稲盛和夫と西郷隆盛

great person
KAZUO INAMORI

稲盛和夫と西郷隆盛の共通点と相違点

かつて日本の社会のいたるところに、上質な人間がいました。たとえ経済的に豊かではなくても高邁に振る舞い、上に媚びず下には謙虚に接し、自己主張することもなく、他に善かれしと思いやる——そんな美徳を持った日本人がたくさんいました

稲盛和夫

命《いのち》もいらず、名《な》もいらず、官位《かんい》も金《かね》もいらぬ人《ひと》は仕末《しまつ》に困《こま》るものなり。この仕末《しまつ》に困《こま》るひとならでは、艱難《かんなん》を共《とも》にして国家《こっか》の大業《たいぎょう》は成《な》し得《え》られぬなり

西郷隆盛

稲盛と西郷は共通するところが極めて多い。だからこそ稲盛は西郷を尊敬するところ篤く、その教えについても深く学び続けてきたのであろう。西郷の遺訓『南洲翁遺訓』について次のように述べている。

「私はこれまで、『南洲翁遺訓』を座右に置き、幾度も読み返してきました。そのつど、生きていくうえでの貴重な示唆《しさ》を得てきました。経験を重ね、人生で年輪を重ねるほどに、本書から得られる教訓は、ますます私の心に深く刻まれていきました。

それは、西郷の遺訓が、人生の苦しみや悩みに直面し、それに逃げることなく対処していくなかで生み出され育まれた、まさに人間が正しく生きていこうとするうえでの普遍的な真理であるからでしょう。」

（『人生の王道』日経ＢＰ）

西郷の遺訓と同じく、稲盛の人生そのものも、「まさに人間が正しく生きていこうとするうえでの普遍的な真理」を追い求め、それを実践してきたものである。そして多くの著作の内容においても、それがよく示されている。西郷の教えを血肉として、自らの思索と経験で、それをより詳しく現代人のためにわかりやすく説いているのだ。

稲盛と西郷の共通点は、まず、同じ鹿児島の甲突川近くに生まれ育ったことが挙げられる。城山で遊び、桜島の雄姿と毎日対話しつつ、人間の土台を創りあげていったのである。

吉田松陰《しょういん》は「地を離れて人なく、人離れて事なし。人事を論ずる者は、地理より始む」といった。すなわち「土地を離れて人というのは存在しない。そして人を離れて仕事や出来事はない。だからある人のことをよく知って論じるにはその地理から調べ論じなければならないのだ」ということであろう。薩摩の人々の桜島のような熱き思い、実行力、ねばり強さ、死を怖れぬ勇気などは、やはりこの地に育まれたといえるのではないだろうか。それが最もよい形として表れた例が稲盛と西郷ともいえるだろう。

二人は鹿児島伝統の郷中教育で育ったことも共通している。

郷中教育は、稲盛が意識したかどうかはわからないが、後に京セラの経営手法として有名になった「アメーバ経営」の示唆ともなったのではないかと推察される。というのも、団結心、自律心、リーダーシップなどを育てていくことにすぐれた教育システムだからである。

また、郷中教育の根幹の教えについて島津修久（第三十二代島津家当主）は『郷中教育の研究』の中で次のように紹介している。

「『①負けるな、②嘘をつくな、③弱い者をいじめるな』とは、昔から、我が鹿児島の子供たちが先輩から後輩へ教えられ伝えられてきたことであり、今でも数少なくなった県内の各学舎の先輩方が、その趣旨を活かして舎の子供たちを指導している。

今、私が奉仕している磯の鶴嶺《つるがね》神社の広報用の掲示板に『旧薩摩藩の郷中教育の教え』として、この三つを大きな字で掲示している。」

（『郷中教育の研究』島津興業尚古集成館）

稲盛が二十七歳で独立したとき、どうやって経営をしていくかについて考えた末、とにかく「人間として正しいかどうか」つまり「親から子へと継がれてきたようなシンプルでプリミティブな教え」を貫こうと心に決めたという。そして、このように述べている。

「すなわち、嘘をついてはいけない、人に迷惑をかけてはいけない、正直であれ、欲張ってはならない、自分のことばかりを考えてはならないなど、誰もが子どものころ、親や先生から教わった――そして大人になるにつれて忘れてしまう――単純な規範を、そのまま経営の指針に据え、守るべき判断基準としたのです。」

（『生き方』サンマーク出版）

ここにも先の三つの郷中教育の教えの流れを読みとることができる。

次に稲盛と西郷に共通する重要な点は、〝自分は、宇宙あるいは天の下に、世のため、人のために尽くすために生きている〟という大いなる使命感である。だから決して私利私欲に走ることはない。「敬天愛人」はその端的な表現である。「天を敬い人を愛していく」ことこそが共通する〝わが人生〟なのである。

さらに二人に共通するのは情の大きさである。人を愛する、人の役に立つ、という利他の心が体に沁みているし、自らそれを身につける努力をして生きたのである。逆に、不仁な人、私欲に走る人には厳しい。これも私心を離れて、天の見地、宇宙の真理を知るものとして許せないのである。こうして二人は思想や哲学者的な面でも共通しているといえる。

最後に稲盛と西郷に共通するものとして挙げたいのが、教育者・指導者としての面である。自らが「教えよう」と望んだわけではないのだが、多くの若者たちに慕われ、ぜひとも教えてほしいと集まってきたのである。両者は多くの教えを残したが、それによって報酬をもらうわけではなく、ただただ、一人でも多くの若者が正しく育ってくれて、社会のためにがんばってほしいと願ったためである。

第四章と第五章でそれぞれ詳しく説明するが、西郷の『南洲翁遺訓』や稲盛の『実践経営問答』（ＰＨＰ研究所）や『稲盛和夫の経営塾』（日本経済新聞出版社）などはその成果の一部である。

西郷隆盛と大久保利通を合わせて学ぶ

相反する両極端の考え方を合わせ持ち、局面によって正常に使い分けられる人格が、真に優れた人格なのである

稲盛和夫

男子《だんし》は人《ひと》を容《い》れ、人《ひと》に容《い》られては済《す》まぬものと思《おも》えよ

西郷隆盛

稲盛と西郷の相違点はどこにあるのだろうか。

一つは時代背景である。幕末・維新という大動乱の時代に生きたのが西郷であり、昭和の戦中・戦後の混乱期から発展期、さらには閉塞期、そして改革期に生きるのが稲盛である。

次に、西郷は武士であるとともに、革命家であった。そして理想を追い求める政治家でもあった。

これに対し稲盛は、政治に対する意見や提言はするが、あくまでも経営者である。日本を最も代表する経営者の一人であり、世界的にも著名な経営者であった。ここから二人の違いも出てくる。稲盛は語る。

「私には、西郷隆盛のような情熱的で一途な生き方に憧れる面がある。それは、もともと私が西郷隆盛と同じような気質を持っているからであろう。それだけに、経営に携わるようになって以降、私は大久保利通という人間が表わす、論理性や合理性など、本来私が持ち合わせていない面も身につけるべきだと考え、経営の様々な局面で留意してきた。西郷隆盛の『志』や『誠』だけでは、経営はできないのである。

しかし一方、大久保の『合理』や『倫理』だけでは、人心を掌握し、集団をまとめていくことはできない。明治維新を成し遂げた、この二人の歴史的人物から、非情と温情、細心と大胆というように、両極端を同時に合わせ持たなければ、新たに物事を成し遂げることはできないということを私は学んだ。」

（『人生と経営』致知出版社）

稲盛が人として生まれ持った性格は西郷に近く、しかも、それを生き方の軸としたとしても、経営者としては、大久保の理性と冷徹さを学び身につけていかなくてはならない、と考えたのはきわめて正しい判断である。

それは、稲盛は京セラという企業の創業者であり代表取締役であったからだ。

世界中にいる社員を失業させないためにも、企業経営のすべての責任を一身に背負わなくてはならない。そしてその企業の存続は、稲盛の判断にかかっていて、ときには非情な判断もしなければならないのである。

これに対し西郷は、革命家であり理想を追う政治家である。しかも盟友に、幼いころから常に励まし合い役割分担をしてきた大久保がいた。

ちなみに、大久保の妹たちの話によると、若いころの大久保と西郷はいつも一緒にいて郷中の後輩たちに格別尊敬、畏服されていたという。

西郷は情の人である。また「正しくない」と判断したら、二度とその人を信用しないという面も強い。尊敬してやまない斉彬が亡くなったあと、藩政の実権を握る島津久光と合わず、ついには島流しとなってしまったほどだ。

斉彬が長命であったなら、大久保の出番は、あるいはもっと地味なものであったのかもしれない。しかし、久光の時代となり、大久保は彼に近づき、信頼を勝ちとり、西郷不在の間の幕末の主役の一人となっていった。

しかし、久光と大久保による幕政改革、朝廷対策が不調に終わったとき、時代が、人々が、西郷を呼び戻した。

幕末から明治初期の二人の役割分担は、戦争や破壊行動は武士団や兵士の人望が厚い西郷が、その後の秩序づくりや組織づくり、社会づくりは大久保が担った。

ここからは西郷が表舞台に立ち、大久保が裏でこれを支えていくという形をとったのである。

以上からして稲盛は「大久保利通と西郷隆盛が融合調和する形で、稲盛和夫はありたい」と思い、今日までやってきたという。

そして、こうふり返っているのである。


「事業を展開していくときに、情で判断し、情で行動したら、収拾がつかなくなります。また、情で判断して、理性で行動しても、道を誤ります。かといって、理性で判断し、理性で対応したら、誰もついていきません。

大事なことは、最初の段階では理性で考え、実際の対応において情をつけることだと思います。」

（『稲盛和夫の哲学』ＰＨＰ研究所）


「明治維新のとき、たまたま私の故郷から考え方や性格もまったく違う西郷と大久保という二人の偉人が生まれた。私は、同郷人として親しみを覚えながら、彼ら二人から人生においても、事業を行う上においても、多くの大切なことを学んできたように思う。」

（『人生と経営』致知出版社）

こうして稲盛は、アメリカの作家、F・S・フィッツジェラルドの名言「一流の知性とは、二つの相対立する考えを同時に抱きながら、しかも正常に機能し続けられる能力をいう」を体現するように、西郷と大久保の二つの相対する哲学をうまく使い分けたのである。

出会いを大切にする

心は心を呼ぶということを忘れてはなりません

稲盛和夫

人《ひと》に推《お》すに公平至誠《こうへいしせい》をもってせよ。公平《こうへい》ならざれば英雄《えいゆう》のこころはけっしてとられぬものなり

西郷隆盛

稲盛と西郷の人生を見て、つくづく感心するのは、どんな逆境でも、そこで出会った人と出来事にしっかりと学び、その後の人生に生かし続けたということである。

西郷の最初の重要な出会いは、やはり下加治屋町の弟分、大久保であろう。若いころの西郷と大久保は、毎日深夜の一時、二時まで会って親密に話し合っていたという。この二人は七十戸ばかりの下加治屋町の郷中のリーダーとなっていくが、二人に指導された中には大山巖《いわお》、山本権兵衛、東郷平八郎といった日露戦争の陸海軍の英雄たちをはじめ、多数の偉人が生まれている。

西郷は、言葉少なく、情の大きさと誠実な行動で皆を引っぱり、大久保は、議論において鋭くそして緻密《ちみつ》さで皆をまとめた。二人は、お互いに相手に自分にない才能を認め、尊敬し合い、刺激し合った。

西郷は十八歳ではじめて郡方書役助《こおりがたかきやくたすけ》という藩の役職についた。これは農村を見回り、村役人を指導し、年貢のとり立てを監視する仕事である。西郷は二十七歳までの十年間この農政にかかわる仕事についた。

西郷が最初に仕えた郡方の奉行は、迫田太次右衛門《さこたたじえもん》である。迫田は民を愛し、役人たちの不正を嫌った。これは西郷の生涯にわたり生き方の模範ともなる。
しかし、迫田はある凶作の年に藩が、たとえ凶作であろうとも年貢の加減をしてはならないとしたのに対し、それでは「検分」の意味はないと抗議したが受け入れられず、次の歌を宿舎の壁に書き残して辞職した。

虫よ虫よ五ふし草の根を絶つな絶たばおのれも共に枯れなん

虫は藩庁のこと、五ふし草は稲のことで、ここでは農民をさしている。
西郷は迫田を尊敬し、この歌を後になってもよく口ずさんだ。そして自らも迫田と同じように、農民のために、藩庁と何度も戦った。これは島流し先の奄美大島や沖永良部島でも変わらず実践し、島の人たちに感銘を与え尊敬された。

こうして、貧しさに苦しむ農民のことを気にかけてきた西郷は、藩主に自分たちが待ち望んでいた斉彬が就いたときも、農政に関する意見書を藩に何度か提出した。斉彬もこれを読んでいて、西郷に注目した。書かれている内容は大したことでなかったとしても、西郷の情熱と誠実さを見抜いたのだ。ついに西郷が二十八歳のとき、彼を登用し、自分の側において育てたうえで、大きな役割を与えていくことにしたのである。

斉彬の代理として、当時の日本を代表する人たちと交流を深め、「薩摩に西郷という人物がいる」と知られていったのである。こうしている中で、水戸の藤田東湖《とうこ》、肥後の長岡監物《けんもつ》、越前の橋本左内《さない》などにも強い影響を受けた。

さらに斉彬の死後、沖永良部島に流されたとき、先に流されていた書と詩作にすぐれた文化人・川口雪篷《せっぽう》に出会った。川口は西郷の牢獄を訪ねてきて、朱子学や陽明学などを語り合い、歴史や時勢を論じ、書や詩作を楽しんだ。これ以後の西郷の詩作はすぐれたものになり、「敬天愛人」など自らの思想の基礎を固めたのである。

西郷が再々度呼び戻され、日本の変革期の中心人物となったときに出会い、影響を受けたのが勝海舟だった。

勝はこのとき、幕府の軍艦奉行であったが、西郷に幕府の実情と、もはや手のつけられない腐朽《ふきゅう》ぶりを教えた。これによって西郷は初めて、幕府や将軍の存在を前提としない、新しい日本の国づくりの構想を持つようになったといわれている。歴史学者の井上清《きよし》は著書の中で、西郷は勝にほれ込み、勝も西郷の人としての器の大きさに驚き、この二人の出会いによって後の江戸城無血開城という歴史上の快挙が成し遂げられた、と述べている。

さて、次は、稲盛の出会いを見てみよう。

幼いころの稲盛は泣き虫で弱虫であったらしい。そして、この弱虫を強くしていったのが西郷と同じく郷中教育であった。

自らこう述べる。

「弱虫がまともに育ったのは鹿児島独特の郷中教育で鍛えられた面がある。本来は武士の子弟の寺子屋だ。明治以降も各地域で先輩が後輩の小中学生の心身を鍛錬《たんれん》する場として存続していた。薩摩藩に伝わる示現《じげん》流のけいこもあった。」

（『稲盛和夫のガキの自叙伝』日本経済新聞出版社）

稲盛はこの後、中学受験や大学受験に失敗し、そして就職も思うようにいかなかった。

しかし結局、このことが京セラの創業と世界企業への発展のきっかけを生むのである。挫折の中にも、常に希望と前向きな姿勢、そして何よりも西郷と同じく、目の前のことに誠実にとり組むという生き方がこれを支えたのである。

稲盛は、大学受験において大阪大学の医学部の入試で不合格になっている。このとき合格していれば、優れた医師になったであろうが、京セラは生まれなかっただろう。

進学した鹿児島大学では、工学部応用化学科で薬学と関係のある有機化学を専攻している。卒業時に、就職試験に挑むがすべて不採用だった。応用科学の竹下寿雄《としお》教授の紹介で京都の碍子製造の会社を紹介された。しかし、碍子・窯業となると無機化学の分野となる。その会社も磁器関係を研究している学生を欲している。

そこで稲盛はあわてて無機化学の島田欣二《きんじ》教授につき、鹿児島の入来《いりき》でとれる良質の粘土の研究を始めた。

こうしてできた卒業論文「入来粘土の基礎的研究」だったが、その年に鹿児島大学の教授となった内野正夫の目にとまった。それほど優れた論文であった。

内野に「あなたは将来、立派なエンジニアになる」と大いに励まされたのである。

何とか就職できた会社が京都の松風工業だった。ここで稲盛は特殊磁器と呼ばれるニューセラミックス、その中でもとくに高周波で絶縁性の高いフォルステライト磁器の研究を任された。しかし、この松風工業は倒産寸前の会社。社内では組合が騒ぐほどであった。

それでも稲盛は研究開発に打ち込み、次々と成果を出した。

そのころ、松風工業には松下電子工業から、テレビのブラウン管の電子銃に使う絶縁用セラミック部品「U字ケルシマ」の注文がきていた。テレビ需要の急増に伴い、オランダのフィリップ社から輸入しているものを国産化したいという理由からだった。稲盛は、これをフォルステライト磁器で応用できるのではないかと考えた。そして一年ほどかけて、ついに日本で初めて合成に成功したのである。

組合がストライキをしている中でも、何とか注文に間に合わせようと会社内に泊り込んでまで生産したという。

しかし、稲盛が特磁課の主任に昇格した三カ月後、日立製作所からのセラミック真空管の引き合いに応じて開発に尽力していたとき、新任の技術部長に「君には無理だ」といわれて業務から外されたため、ついに退社することになる。そして、会社の創業を決意した。

この創業には、同じ特磁課の部下のみならず前任の技術部長だった青山政次までが加わった。青山は、創業のための資金集めに奔走《ほんそう》してくれ、生まれて間もない京セラの成長を懸命に助けてくれたのである。

松風工業という大変な状況の会社に入り苦労をした稲盛だが、ニューセラミックスの開発に携わり、日本を代表する技術者となり、また青山政次をはじめ、京セラの創業期を支えてくれた人たちに出会えたのは、天の配剤であろう。

それも青山が「稲盛君の情熱は並外れている。必ず大成する」というほど、稲盛の人物がすぐれていたこと、そして稲盛も、出会った人たちに学び感謝し、ともに苦労を分かち合い前進していったからである。

不運にくさらず、前向きに努力し、出会いを大切にしていく者に天は力を与えてくれる。このことを稲盛と西郷の人生は教えてくれているようだ。

両親、家族

こうした今日の私があるのも、家族の支えがあったればこそだ

稲盛和夫

児孫《じそん》のために美田《びでん》を買わず

西郷隆盛

稲盛と西郷は生まれた地も近かったが、その父と母からそれぞれ引き継がれたパーソナリティも似ていて興味深い。

まず、西郷の父・吉兵衛は、勘定方小頭《かんじょうがたこがしら》を勤めて実直精勤《じっちょくせいきん》の聞こえが高かった。特別な役得もなく、そういうものをとろうとしない清廉《せいれん》の士であった。〝清廉の士〟というところは、西郷もそのまま引き継いでいる。

また母のまさ子は、薩摩藩士・椎原氏の娘で、物事にくよくよしない、温和な、同情心に富んだ人であったという。まさ子が男だったら家老にまでも昇りつめるだろうという人もあったようだ。道徳教育の研究で知られる倫理学者の勝部真長《かつべみたけ》は「西郷のパーソナリティは多分に母ゆずりのところがあったであろう」(『西郷隆盛』ＰＨＰ研究所)と述べる。

井上清も、「こういう母に育てられ、多勢の弟妹をかかえて、貧窮のうちに成人したということは、その人がらと思想の形成に重要な意味をもった。彼の人がらを特徴づける思いやりのふかさ、政治的には仁政主義、私生活でも政治上にも質素を貴びおごりをにくみ、生活的には逆境に耐えぬき、政治的には難局に動じない力などは、この幼少からの生活環境という基盤なしには考えられないことである」(『西郷隆盛(上)』中央公論社)という。

では、稲盛の両親はどうであっただろうか。

稲盛の父・畩一《けさいち》は、とにかくまじめで几帳面な人物だったという。若いころは印刷屋で働き、後に独立した。印刷業のほかに紙袋製造業を営み、戦災にあうまでは成功を収めていたが、印刷機械などすべてがアメリカ軍の爆撃で灰塵《かいじん》に帰してしまう。慎重な性格で借金はしなかった。この点は稲盛に引き継がれているようだ。稲盛は「私も企業経営において何事にも慎重なところがあり、無借金経営を信条としてきた。このあたりは父の血をしっかりと引いているようだ」（『稲盛和夫のガキの自叙伝』日本経済新聞出版社）と述べている。

一方、母・キミは、明朗快活であったという。そして気丈であった。稲盛はどんな逆境に置かれてもくじけることなく、常に明るさを忘れないでいられる自身の性格は母ゆずりと自ら述べている。

以上のように不思議と、西郷と稲盛の両親の性格が、重なり合うのである。

さらに興味深いのは、西郷が斉彬の一行に随伴《ずいはん》して江戸に行くことになったとき、貧乏な西郷家が、国事のため、西郷自身のためになると覚悟し応援するが（後々まで）、六歳下の弟・吉二郎には家を支えてもらうという苦労をかけた）、稲盛も家族の支えがあったからこそ世に出られたところがある。

それは次の話からもうかがうことができる。

「父親は戦前、印刷屋に丁稚《でっち》奉公に上がり、私が物心ついた頃には、鹿児島市薬師町で小さな印刷屋を営んでいました。経営はそこそこうまくいっていたと思います。
しかし、空襲で工場が焼け、印刷機械も全部灰になってしまった。父はすべてのやる気をうしなってしまう。母親は大変な苦労をして、私を含めた7人の兄弟を食べさせてくれた。兄は大学を出ていません。妹は高校を中退して、私の大学進学に協力してくれました。」

（『日経ビジネス』2005年10月10日号）

稲盛と西郷の家庭はどうだっただろうか。

西郷はその生涯を、特に壮年期をほとんど倒幕・維新という国家大業のために動いたため、家庭を省みることが少なく、今の時代の人から見ると、かなり不幸だったのではないかとも思える。しかし、国のため、社会のために命を賭《か》ける西郷を家族も支えた。

西郷は三度の結婚をしているが、最初の妻は、西郷が斉彬について江戸詰めとなっていて留守にしていたことや貧しさが要因となり、実家から引きとりの申し出があり離婚した。

次の結婚は、徳之島で潜居しているときに知り合った島娘の愛加那《あいかな》とであった。ただし、この結婚は島にいる間だけに限るという厳しい薩摩藩の掟があった。西郷自身はいつ本土に帰れるかわからない身であり、一生徳之島で生活することもよし、と覚悟していたようだ。

三回目の結婚は、倒幕が現実となりつつあった一八六五（慶応元）年のことである。この結婚をすすめたのが坂本龍馬だったというのがおもしろい。これは師匠であった勝海舟が、西郷に頼んで坂本龍馬を薩摩藩に保護してもらっていたときのことである。

井上清の著書『西郷隆盛（上）』（中央公論社）では、次のように書かれている。

「西郷と前から相許していた龍馬は、久しぶりで鹿児島にくつろいだ西郷に、しきりと妻帯をすすめた。西郷は不幸に終った初婚のことをかえりみ、国事に東奔西走する身は、妻になる人がかわいそうと思うし、また大島で二人の子を育てて苦労しているであろう愛加那――しかし彼女は絶対に本土へつれてこられない――のことを想いやると、そうかんたんに結婚する気にはなれなかった。彼はただ笑うだけで何ともいわない。大久保や小松帯《たて》刀《わき》も、四十近い男が持つべきものは持たないと、かえって国事奔走に不都合なこともある、としきりにすすめた。つまりは西郷も心が動き、小松の媒酌《ばいしゃく》で、家老座付書役岩山八郎太の長女いとと正月二八日に盛大な婚礼をあげた。」

こうして妻・糸子との間にも子宝に恵まれた。

では稲盛はどうか。

稲盛は、一九五八（昭和三十三）年十二月、松風工業を退社した翌日に、同じ特磁課にいた須永朝子と結婚した。まさに同志のような女性との結婚であった。

会社の組合が賃上げを求めてストライキをしていたときに、稲盛率いる特磁課は、生産をストップすると賃上げどころか会社が危うくなると、「スト破り」をし、会社に泊り込んで生産を続けた。そしてこの商品を得意先に運んだのが、朝子であったのだ。

稲盛は次のように振り返る。

「会社の玄関では組合員がピケを張っているので、一度工場に入ったら出られなくなる。

そこで、私は手持ちの金をすべてはたいて缶詰やら非常食を買い込み、燃料やふとんを持ち込んで会社に泊まり込んだ。問題は製品をどうやって出荷するかだ。特磁課に一人の女性がいた。彼女は籠城させるわけにはいかないので、その代わり毎朝、工場の裏の塀越しのところに来てもらった。私が朝早く人目を忍んでこん包した製品を放り投げる。塀の外でまち構えていた彼女が受け取って届けるというわけだ。この女性が、のちの私の伴りょとなる。」

（『稲盛和夫のガキの自叙伝』日本経済新聞出版社）

稲盛の妻は、稲盛の〝生き方〟を最もよく理解する女性なのであろう。次のようなエピソードが語られている。それは、京セラも大きく成長し、運転手を雇い会社の行き帰りを車で送迎してもらうようになったときのことであった。

ある朝、車が家に迎えにきたとき、稲盛の妻・朝子もちょうど所用があった。そこで稲盛は、ついでだから乗っていけと声をかけた。すると妻はこう答えたのである。

「あなたの車なら乗せてもらいますが、それは会社の車でしょう。ついでだからといって社用車を私用で使ってはならないと、以前、あなた自身がおっしゃっていましたよ。公私のけじめは厳しくつけろって――ですから私は歩いていきます」

（『生き方』サンマーク出版）

稲盛も西郷と同じく、自分のことや家庭のことだけに人生を費やすのではなく、より多くの人のために、そして社会のために生きることを考えているのである。そしてそれを理解してくれる妻や家族がいたことは、やはり大きな幸せといってよいのではないだろうか。

稲盛に対して「あなたは、毎日遅くまで仕事をし、休日も走り回って、家族サービスの時間もないから、奥さんやお子さんがかわいそうじゃないですか」とたずねる人が多かったという。これに対して稲盛はこう答えるのだ。

「しかし私は、家庭を犠牲にしているとは思っていません。それは、家庭を守る、あるいは自分個人だけを守ればいいという小さな愛ではなく、多くの従業員を幸せにするという大きな愛を、私は使命と感じているからです。」

（『心を高める、経営を伸ばす』ＰＨＰ研究所）

敬天愛人

正しい判断ができるようになるためには、「ものさし」となるべき誠実な人生哲学を持たなければなりません

稲盛和夫

道《みち》は天地《てんち》自然《しぜん》の道《みち》なるゆえ、講学《こうどう》の道《みち》は敬天愛人《けいてんあいじん》を目的《もくてき》とし、身《み》を修《しゅう》するに克己《こっき》を以《もっ》て終始《しゅうし》せよ

西郷隆盛

すでに「はじめに」でも論じたように、「敬天愛人」つまり「天を敬い人を愛する」は、西郷の信条としてあまりにも有名である。

稲盛は、子どものころより親しみ、体に（おそらくは潜在意識にまで）しみ込んでいたこの言葉を京セラの社是とした。

「敬天愛人とは『西郷南洲遺訓』の中にある言葉で、天は道理であり、道理を守ることが敬天である。また人は皆自分の同胞であり、仁の心をもって衆を愛することが愛人の意味である。また、京セラの社是でもある。」

（『松下幸之助と稲盛和夫』総合法令出版）

対して、『南洲翁遺訓』で西郷は次のようにいう。

「道は天地自然の物にして、人は之を行うものなれば、天を敬するを目的とす。天は人も我も同一に愛し給うゆえ、我を愛する心を以て人を愛するなり。」

（『南洲翁遺訓』二十四条）

つまり、「人の生きる正しい道は天地自然のものであって、人はこれを行うものであるから、天を敬うことを目的とすべきである。天は人も自分も同じように愛してくださるから、自分を愛する心を持って人を愛するのである」ということだ。

この「敬天愛人」という言葉を、西郷がどういった思想的経緯で自分のものにしたのかは、いろいろな見方がある。キリスト教の影響もあるのではないかという人もいる。明治の時代にキリスト教徒であった内村鑑三が、世界に日本のことを紹介した『代表的日本人』の最初の登場人物が、西郷である。内村鑑三が最も尊敬する日本人の一人だったのである。ついでにいうと、日本人の精神と根本道徳を世界に知らしめた『武士道』の著者で、内村と札幌農学校の同級生であり、キリスト教徒であった新渡戸稲造も、最も尊敬した人物が西郷であった。

西郷の信条「敬天愛人」は、洋の東西を問わず普遍的な、人の生き方の究極の理想である。キリスト教的な表現ともいえるし、孔子、孟子そして朱子学でも。すべてを司る天を敬い、人を思いやる仁や愛の思想は多く見出せる。西郷の愛読した佐藤一斎の『言志《げんし》四録《ろく》』からも多くヒントを得たことであろう。

ただ、やはり最もその思想的基盤を固めたのは、沖永良部島に流されて、死を覚悟し、牢の中で一人黙して座禅を組みつづけたときではないだろうか。

牢は二坪ほどの小屋がけ。二度の食事といえば冷飯と焼塩で、それを水で流し込む。衣服や髪の手入れもなく、もちろん着がえもない。浜風が少し強いと風雨が降り込み、陽も入らない。さすがに死刑に次ぐか準ずるような扱いであった。

この牢の見回り役であった土持政照《つちもちまさてる》は、西郷の素性をよく知らなかったが、重罪人であることはわかった。しかし、一カ月たち二カ月たっても、乱れることなく端然と座する西郷に次第にひかれ、やがて尊敬するにいたるのである。

このままではこの人は死んでしまうと悩んだ。そして、ついに口実を見つけた。命令書にあった「囲いに召し込み」というのを拡大解釈したのである。

そして代官に「囲いとは、ふつう家屋内の一室を区切って設けるものです。私が自費で家屋を買ったのがありますから、その中に囲いを設けたいと思います」との願いを認めさせたのである。

代官も西郷を尊敬していたのであろうか、この申し入れに手を叩いて喜んだという。

こうして新しい牢屋に入って、日に日に体力を回復していった。また、そこで前にも紹介した川口雪篷という文化人と出会った。書籍を借りて読み、大いに語り合った。獄中での生活を精神修養の場ととらえることができるようになった。そして、土持らのような人の思いやりに心から感謝したのである。

こうして敬天愛人の信条がさらに強く固まり始めたのであろう。

なお西郷から四代目にあたる西郷吉太郎は敬天愛人について次のように解釈する。

「天を敬い、人を愛すというのは、朱子学等の中にも出てくる言葉であり、全てが天の摂理（天は道である、万物の創造者）に従う事ということですが、もう少し、平たくいうと、『天を敬い、天地自然の恵みに感謝し、神に仕えること』。また、愛人とは、『人を尊敬して大切にすることであり、自分を犠牲にしても、人の為、世の為につくすこと』です。」

（『薩摩のキセキ』総合法令出版）

ところで、稲盛が京セラを創業したとき、再びこの「敬天愛人」と運命的な出会いをした。それは京セラを創業してまもなくのことだった。

京セラは、稲盛の元上司だった青山政次が大学時代の友人で宮木電機製作所の西枝一江《いちえ》専務と交川《まじりかわ》有《たもつ》常務それに宮木電機社長の宮木男也《おとや》らから出資を受け出発した。会社も宮木電機の空いている建物をかりていたのである。

あるとき、出張から帰ってきた宮木社長が、おみやげとして買ってきたのが「敬天愛人」の書だった。もちろん西郷の直筆ではなく模して書いた臨書《りんしょ》だったが、稲盛は宮木社長の温かい気持ちに、感激のあまりポロポロと涙があふれたという。この書はその後も稲盛の宝物となり、自分の執務室に掲げ続けたのである。

会社を経営したことのない若者であった稲盛が、どうやってこれからの会社運営をやっていくかについて悩んでいたとき、励ましてくれたのもその「敬天愛人」の書であった。「人間として正しいことを貫くこと」をすべての物事の判断基準にしようと決めたときに「敬天愛人」の書に目が留まり、「間違っていないぞ、西郷さんの教えのままいこう」と考えたのである。こうして、「敬天愛人」を京セラの社是とすることを決め、それ以来、その思想に従い、経営のかじとりを担い、決して道を誤ることはなかったのである。

さらにこの西郷の「敬天愛人」は、京セラの経営理念の確立にも寄与した。

京セラという会社は、稲盛の技術者としてのロマンを追い、それを実現させることを目的として出発したが、現実には社員の生活の保障を優先せざるを得ないことに悩み始めたときのことである。

このときも、会社の応接間に掛けてあった「敬天愛人」の書が静かに稲盛を見下ろし、「人を愛するということが一番大切なのだ」と語りかけてきたのだった。こうして京セラの経営理念は次のように決まったのである。

「全従業員の物心両面の幸福を追求すると同時に、人類、社会の進歩発展に貢献すること」

（『人生の王道』日経ＢＰ）

第二章

心を高める

才能と人徳

天は、誠実な努力とひたむきな決意を、決して無視しないのです　稲盛和夫

道《みち》に志《こころざ》す者《もの》は、偉業《いぎょう》を貴《たっと》ばぬものなり　西郷隆盛

才能とは生まれ持ったその人の能力のことをさす。しかし、よく考えてみると、いかに才能があるにしても、世の中で一人でできるものなどありはしない。どんな天才でも他人の手を借りなければ、自分の仕事は成し遂げられない。そもそもまずは、人に教わり、指導され、自ら学び続けることなしに能力は発揮できるものではない。

生まれ持った才能よりも、その後の人生で学び、身につけていった徳のほうが重要であることを私たちは早く反省し、気づくべきだといえる。これは西郷のような歴史的な偉人たちを見てもよくわかる。頭の回転がズバ抜けているわけでもないし、剣の腕もほとんど大したことはない。それでも、身につけていた人徳で人々に慕われたため、世の中を動かす大きな力を得ることができたのである。

西郷がその才能の凄さに驚き尊敬したという勝海舟だが、西郷について次のように述べている。

「西郷と面会したら、その意見や議論は、寧《むし》ろおれのほうが優《まさ》る程だったけれども、所謂《いわゆる》天下の大事を負担するものは、果たして西郷ではあるまいかと、また窃《せっ》に恐れたよ」

西郷自身も次のように述べている。

「今の人は、才能や知識があれば事業はどのようにも心のままにできると思っているが、才に任せてやるのは危くて見てられない。しっかりした内容（心からの誠実にもとづくもの）があってこそ物事はうまく行なわれるものである。」

（『南洲翁遺訓』三十九条）

もちろん西郷に才能があることを否定するものではなく、勝海舟などに対しては、その才能ゆえに尊敬したが、才能だけではどうしようもないということをいいたいのである。西郷がやはり尊敬した肥後（熊本）の家老、長岡監物の言葉を『南洲翁遺訓』の中で紹介している。それは次のような内容である。

「世の中のことは誠（心からの誠実）がないかぎり動かすことはできない。才がないかぎり治めることはできない。誠の徳が徹している人は世の中を速く動かせられる。才が広く行き渡っていると、その治めるところも広くなる。才と誠が合わさり、はじめてすべてのことが成し遂げられるのだ。」

（『南洲翁遺訓』三十九条）

　このように才能と人徳が合わさってはじめてすべての物事は成し遂げられるが、個人の心がけとしては、才能さえも足りていないと謙虚になり、修養努力して人徳を磨いていくように心がけるべきであろう。

　西郷のこうした教えに共鳴する稲盛も、才識や才覚それに情熱があるだけでは物事は長く続かないことを強調する。

「才子、才に溺れる」という昔からの言葉にあるように、才覚に恵まれた人は、その並外れた才能を持って大きな成功を収めるけれども、その才覚を過信すれば、あるいはその使い方を誤れば、やがて破綻に至るというのである。そして次のように述べる。

「彼らは斬新な技術開発、マーケティング手法、経営戦略など、ビジネスでの才覚を駆使するだけではなく、燃えるような情熱を持ち、果てしない努力を重ね、事業を成長発展へと導いていきます。証券アナリストや投資家たちも、そのような才覚に溢れ、努力を惜しまない経営者が率いる企業を高く評価し、結果として、高い株価を示すようになります。

　しかし、彗星のように登場しながらも、その後、我々の前から去っていった多くの新進気鋭の経営者や企業を見るにつけ、才覚や努力だけで評価をしてはならないと、私は強く思います。」

（『人生の王道』日経ＢＰ社）

こうして稲盛は、才覚が人並みはずれたものであればあるほど、それを正しい方向に導く指針や羅針盤が必要となるとする。それは、理念や思想であり、また哲学である。すなわち、よき人格を身につけていくために学んでいくことが大切なのである。

稲盛によると、人の人格は「性格＋哲学」という式で表せるという。つまり、人間が生まれながらに持っている性格に加えて、その後の人生で学び身につけていった哲学から人格は成り立つと考えるのである。

哲学として、私たちはたとえば西郷の遺訓をくり返し学んだり、昔から親が子に教えてきたシンプルでプリミティブな教えである「人間として正しいかどうか」ということについて考え、身につけていくべきことになる。

私たちから見ると稲盛は才能も、人徳も、人格も西郷のようにすばらしいものがある。だが、本人は才におごることなく、次のように自らの成功の理由を述べるのである。

「私はこれまでの人生の大半を、企業を経営するということに費やしてまいりました。私にとって、経営とは生きることそのものであり、私という人間が持てるありとあらゆるものを注ぎ込んできたつもりです。

家柄が良かったわけではなく、エリートでもない。器用に世を渡る才覚に恵まれたわけでもありません。そんな私がどうにかこうにか、ここまでやってこられたのはなぜだったのかを振り返るに、それは人間として何が正しいのかというプリミティブな倫理観、一言でいえば『心』というものを、企業経営の厳しい生存競争の世界においても、何よりも大切にしてきたからだと思うのです。

そして、現代の殺伐とした世相にあっても、人は利害損失や欲望だけによって動くものではないと、私は思いたい。論語にいう『義を見てせざるは勇無きなり』というような気概が、人の根本的な行動原理として今も生き続けていると信じたいのです。」

（『日経ビジネス』２００５年11月28日号）

正しい考え方を身につける

素晴らしい考え方、つまり人生哲学を持つか持たないかで、人生は大きく変わってくるのです

稲盛和夫

道《みち》は天地《てんち》自然《しぜん》の物《もの》、東西《とうざい》の別《べつ》なし

西郷隆盛

人は才能を備えていても、正しい哲学、考え方を身につけていかなければ結局ダメになり、仮に成功しても一時的なものになることを先に学んだ。

正しい考え方を身につけ、実践することについて、西郷は『南洲翁遺訓』で「人の才能はいろいろであるのだから、できる人とできない人があって自分はできない人間ではないかとあきらめるようなことがあってはいけない。正しい道を歩くことは、天が認め、喜ぶ生き方、考え方であって、心がけさえそうであれば、これは誰にだってできることなのである。だから人として正しいことをひたすら身につけ実践し、もし、困難や苦しみに出会ったときも、明るく前向きに対処し、正しい生き方、考え方を実践することを楽しもう」と述べている。

これが天も認め、喜ぶ生き方、考え方であり、その人の能力よりも重要なことなのだと現代に生きる我々に教えてくれる言葉だ。この教えをさらに具体的にわかりやすく説くのが、稲盛の次の方程式である。

人生・仕事の結果＝考え方×熱意×能力

これによると、人生や仕事の成果は三つの要素の掛け算によって決まることになる。

まず「能力」は、先天的な面が強いもので才能とか知能といってよい。

次に「熱意」とは、ことを成し遂げようという情熱や努力をさす。これは、後天的な要素である。

以上の二つは、どちらも〇点から一〇〇点まで点数がつけられる。そして掛け算であるため、能力があっても熱意が小さければ、よい結果は出ない。かえって能力がなくても、そのような自分を自覚して、強い情熱でとり組めば、能力にめぐまれた人よりも、よい結果・成果を手に入れることができるのがわかる。

さて、最も重要なのが「考え方」である。西郷も述べているように、こうした人間としての正しい生き方や考え方が、人として一番大切なのである。

稲盛によると、この考え方が大事なのはそれだけでなくて、これにはマイナスポイントがあるためだという。つまりプラス一〇〇点からマイナス一〇〇点まで点数には幅があるのだ。

ということは、いくら能力や熱意があっても、考え方の方向をまちがえたら、掛け算だからマイナスにしかならないのである。

生まれつきの才能にめぐまれていて情熱的であっても、人に迷惑をかけて生きるだけの人生になったとしたら、本当の意味では成功できないし、天が喜ぶ人生とはいえないだろう。

では成功する考え方、幸せになる考え方とはどういうものか。

一言で示せば「敬天愛人」ということになるだろう。「つねに前向きで建設的であること。感謝の心を持ち、みんなといっしょに歩もうという協調性を有していること。明るく肯定的であること。善意に満ち、思いやりがあり、やさしい心を持っていること。努力を惜しまないこと。足るを知り、利己的でなく、強欲ではないことなど」だ。

稲盛の言葉を借りれば、「よい心がけを忘れず、もてる能力を発揮し、つねに情熱を傾けていく」（『生き方』サンマーク出版）ことが成功の秘訣なのだ。

志の大きさと日々の実践

安易に近道を選ばず、一歩一歩、一日一日を懸命、真剣、地道に積み重ねていく。夢を現実に変え、思いを成就させるのは、そういう非凡なる凡人なのです

稲盛和夫

学《がく》に志《こころざ》す者《もの》、規模《きぼ》を宏大《こうだい》にせずば有《あ》るべからず

西郷隆盛

西郷は志の大きさにおいても日本人に尊敬されてきた人物である。

志とは何か。それは、広く世のため人のために、役立つことを成し遂げるという目標を持つことと、そしてそれを実現できる存在にまで自分を高めようと決意すること、覚悟することである。

この志は、人によってレベルが違う。若いころの志はどうしても自分のことで精いっぱいであろう。それが多くは正しくもある。

たとえば西郷でいえば、若いころの志は、自分が見て回っている貧しい農民たちの苦しみを少しでも軽減するために、藩の上層部に働きかけてそれを成功させることであっただろう。そのほかでは、藩主の世子で英明であると名高い斉彬が藩主につくことを願う〝正義派〟として力を尽くしたいということであっただろう。当時は、まだまだ日本のこれからのことはおろか、世界のことなど視野にはなかった。

しかし、実際に斉彬が藩主となり、西郷はその手足、そして片腕として登用されたころから、次第に志も大きく成長していったのである。

斉彬は生まれも育ちも江戸であったが、幼いころより厳しい教育を受け、曾祖父・島津重豪《しげひで》の影響で西洋の文明に関心を持ち、科学技術にもよく通じていた。まずは薩摩藩の国力を充実、発展させ、その力をもって幕府に影響力を与え、斉彬を尊敬する若き老中の阿部正弘や有力諸侯と一致協力して、迫り来る外国勢力との対応をはかり、日本の国を一つにまとめていこうとしたのである。

しかし、頼みの阿部正弘が亡くなり、後に井伊直弼《なおすけ》が大老になって権力を持つようになると、日本中が逆戻りするようになった。井伊は、幕府の権力を強くし、有力諸藩の一致協力の動きも力で抑え込もうとしたのだ。安政の大獄はその始まりであった。

これを国の一大危機と感じた斉彬は、薩摩藩の兵力でもって京に上り、朝廷を守り、幕府に反省を迫ろうと決意した（西郷も京にいて、それを促した）。

しかし、兵を率いての上京直前、斉彬は突然の病にかかり死んでしまう（毒殺されたとの説も有力である）。

このため西郷も大変なつらい運命を経験することになり、島流しにも遭うことになる。だが、結果的には西郷に斉彬の志の実現が委ねられた。西郷の志はついに、日本という国を新しい体制に変えていくこと、そして封建制を倒し、天皇を中心とした真の国民国家をつくりあげていき、国民の幸福実現へとすべてを捧げていくまで成長したのである。

西郷は述べる。

「正しい道を学ぼうと志す者は、志の規模を宏大にして学んでいかなければならない。」しかし、ただこの志の規模を大きくすることは、日々の成長が伴っていないと本物とはいえない。このことは、西郷の人生を見てもよくわかる。だから、日々の修養と身につけた徳の実践を忘れてはいけないとして、次のように続ける。

「しかし、ただこのこと（志を大きくすること）ばかりにこだわっていると徳を養い修めるということがおろそかになるので、常に自分に克つように修養していかなくてはならない。志の規模を宏大にしつつ、自分に克ち、男子たるもの人の過ちや欠点は許すようにし、自分の過ちや欠点は人に許されようなどと思ってはいけないと自分に言い聞かせておくべきだ。」

（『南洲翁遺訓』二十三条）

稲盛も同じく志を高く持つことと、その実現に向けて、一歩一歩の積み重ねる努力が不可欠であることを強調し、次のように述べる。

「とてつもなく高い目標を立てるべきです。あまり高すぎて、毎日の遅々とした歩みでは、たどり着くことができないのではないかと思うかもしれません。しかし、そのたゆまぬ努力こそが結果として偉大なことを成し遂げさせるのです。」

（『成功への情熱』ＰＨＰ研究所）

稲盛は、京セラがまだ小さな町工場だったころから社員に向かって、「この会社を必ず世界一の会社にするぞ」と高い志を語っていたという。

しかし、いくら目標を高くし、大きな志を持とうとしても、現実はどうかというと、一日一日を精一杯に生きることで終えてしまう。だが大切なことは、大きな志、高い目標を抱いたうえで、この今日という一日をしっかりと生きて、少しでも前進することなのである。この一日の積み重ねが、大きな力となっていくのだ。

稲盛は述べる。

「いまこの一秒の集積が一日となり、その一日の積み重ねが一週間、一か月、一年となって、気がついたら、あれほど高く、手の届かないような山頂に立っていた――というのが私たちの人生のありようなのです。」

（『生き方』サンマーク出版）

まさに、稲盛と西郷の人生を見てわかるように、志を大きく成長させていき、日々の仕事に打ち込み、徳の修養と実践を忘れずにいることが、最後の大きな志の実現にたどりつくために必要なことなのである。

自分に打ち克つ

自分自身に打ち克つには、たいへんな強さを必要とするのです。人間の能力を考える時、その人の意志の強さも考慮に入れるべきです

稲盛和夫

総《そう》じて人《ひと》は己《おの》れに克《か》つを以《もっ》て成《な》り、自《みずか》ら愛《あい》するを以《もっ》て敗《やぶ》れるぞ

西郷隆盛

敬天愛人すなわち「天を敬い、人を愛する」という生き方を貫くために求められるのが、「自分に打ち克つ」という克己心である。

「自分に打ち克つ」ことで、はじめて敬天愛人の生き方が可能となるのである。しかし、この克己というのは、人間にとって最も難しいことの一つといえる。

西郷は次のように説く。

「道は天地自然の正しい道理であるから、学んでいくには敬天愛人を目的とし、自己修養は自分に克つということをいつも心がけなければならない。（中略）ほとんどの人は自分に克つことで成功し、自分を愛しすぎることによって、ダメになっていく。よく昔から今に至るまでの人物を見るがよい。事業を始めた人は、十のうち七、八まではよくできていくが、残りの二を終わりまで成し得る人はまれである。それは、はじめはよく自分を慎み、仕事も大事にとり組むから成功もし、名声も上がるのである。しかし、こうして功立ち名があらわれるにつれて、いつしか自分を愛する心が起こり、おそれ慎む心がゆるみ、おごり高ぶるようになり、自分の成し遂げた仕事を誇り、それでもって次の仕事も簡単に成し遂げられると思って、まずい仕事をしてしまうので、ついには失敗するのである。すべて、自分が招いたことなのである。こうして、自分に克ち、人が見ていないところでも、人が聞いていないところでも、自分を戒め、そして慎んでいくことが重要だと言えるのである。」

（『南洲翁遺訓』二十一条）

西郷が述べるように、結局、自己修養の根幹は、自分をよくコントロールできるようになることである。人は、放っておくと自己愛が強くなってしまって、おごり高ぶったり、人の話を聞かなくなったりする。そして、自分の起こした事業などが成功し、名も人に知られるようになると、ますますこの傾向が強まるのである。そして結局、最後には足元をすくわれてしまうことになる。そうならないために、「敬天愛人」を目指して学び、〝克己〟の修養を忘れてはならないのである。

さらに西郷は、自分に克つ修養は、日ごろからの自己修養が必要だと説いている。

「自分に克つということは、すべての事をその時その時において克とうとしてもうまくいかないものである。前もって自分の精神を鍛えて自分に克つように修行しておかなくてはいけないのである」（『南洲翁遺訓』二十二条）という。

　こうした克己について、稲盛は、仏教の教えから次のように考える。

　すなわち人間というものは、放っておけば心の中に常に欲望が湧き起こってくる。これは人間が生きていくために与えられた本能であり、そして煩悩とも呼べる。つまり腹がすくと食欲という「欲望」が湧き、外敵に向かうときは「怒り」が出てくる。また、人間は無知蒙昧《むちもうまい》であるがゆえに「愚痴」も出る。この「欲望」「怒り」「愚痴」の三つが仏教では〝三毒〟といわれ、放っておけばいつも心の中に湧き上がってくる。

　こうした煩悩を抑えることが克己なのだということである。

　そして、西郷が述べるように、人が事業を始めたときは、克己心を強くして成功していくが、これを続けることは大変難しいことだとして次のように述べる。

「初めの頃は、慎み深く、謙虚に、天の道を貫き、誠の道を歩こうとして、一生懸命に努力します。そのために成功もし、有名にもなるわけですが、成功し、偉くなっていくにしたがって、いつしか自分を抑える気持ちがゆるんで、自らを愛する心が起こってきます。今までは自分自身を厳しく抑える克己の精神があったのに、だんだんと自分自身を褒め称えるようになるのです。

他人が褒め称えるのではありません。自分自身で、オレはあの苦しい中を頑張り、よくやったではないかと自画自賛するようになり、謙虚さを失ってしまうわけです。成功するにしたがって、有名になるにしたがって、必ずそういうことが起こってくるのです。」

（『人生の王道』日経ＢＰ）

また稲盛は、西郷の述べる日ごろの克己の訓練、つまり自分の欲を抑えるための習慣について有益な方法を教えている。

私たちが日々さまざまな事柄についての判断を下すときに、瞬間的に判断するものは大体本能や欲望から出たものである。だからそれを相手に伝える前に、いったん保留にして、ひと呼吸置いてから答えを出す習慣をつけよというものである。

「その思いには、己の欲が働いていないか、私心がまじっていないか」という自問をするのである。

これを「理性のワンクッション」と呼び、このことによって欲に基づいた判断ではなく、理性に基づく判断に近づくことができるというわけである。

そもそも克己というのは、敬天愛人すなわち天が喜ぶ〝世のため人のために〟という生き方を貫き、真に物事を成功させるために行うものである。

克己は、利他の心に通じるものである。稲盛も次のように語る。

「欲、すなわち私心を抑えることは、利他の心に近づくことです。この自分よりも他者の利を優先するという心は、人間の持つすべての徳のうちで特上、最善のものであると私は思っています。

おのれをむなしくして相手を利する。自分のことは後回しにして世のため人のために尽くす。その利他の心が生まれたとき、人間は欲に惑わされず生きることができる。また、利他の思いによって、初めて煩悩の毒が消え、欲の濁りがぬぐわれた『美しい心』があらわになって、きれいな願望が描けるようになるのです。」


（『生き方』サンマーク出版）

普段の心がけの重要性

正しい判断を素早く下すための注意深さと洞察を身につけている人が、本当に「有能な人物」なのです

稲盛和夫

平日道《へいじつみち》を踏《ふ》まざる人《ひと》は、事《こと》に臨《のぞ》みて狼狽《ろうばい》し、処分《しょぶん》の出来《でき》ぬものなり

西郷隆盛

西郷はその風貌からして細かなことについての気配りや判断、また非常のときのための対処などは、部下任せであって得意ではなかったように思われているかもしれない。実は、逆である。小さなことも一つひとつ丁寧に判断し、しかも事前準備も怠らなかった。特に倒幕までの戦略、戦術、そして細かな判断は大久保にも指示するくらいであったのだが、そのイメージとはちがって意外に見えるだろう。

そして普段からの心がけができていない人に対して、次のように注意する。

「普段から正しい道（正しい生き方）を踏み行っていない人は、ある非常の事態に出会うと、狼狽して適切な対応ができないものである。たとえば近所で火事があった場合に、普段から心がまえがある人は、動揺することもなく対処もよくできるものである。しかし、かねてから心がまえのできていない人は、ただ狼狽して、適切な対処ができない。それと同じことで、普段より正しい道を踏み行っている人でないと、ある非常の事態に出会ったときによい対策は出てこないものである。」

（『南洲翁遺訓』三十三条）

なお、勝部真長は著書『西郷隆盛』（ＰＨＰ研究所）の中で、西郷の仕事ぶりについて、上野の銅像が与える印象のように、あいまいでおっとりした人でなく、実は緻密な、細かい計算や計画のできるビジネスライクな人物だったとして、次のように西郷の手紙を紹介している。

「明治元年四月、五月の頃、江戸池上本門寺の官軍本営にいる西郷から、薩摩の小荷駄方《こにだがた》（いわば輜重隊《しちょうたい》）へ達した事務連絡の手紙十三通がそっくり残っているが、その内容のなんと細かいこと、具体的なこと、一紙半銭といえどもおろそかにしないといった、隅々にまでよく気のつく性格がよく現われているのである。

元年閏四月二十五日。

先刻、承知した、横浜へ行かせる人夫の一時雇いの、今日から七日分の給金、お渡し下さい。今後、七日、七日ごとに給金払うよう、そういってあるから、よろしくお含みおきねがいます。

同五月二日。

三番隊の内、負傷兵の看護にやとった婦人の給金、いかほどになっていますか。分ったら今日までの日数に応じ、お支払い下さるよう。もし給金がまだきまっていないのなら、一日いくらと決めて、五日目ごとに払うようねがいます。看病人の給金は、京都あたりの病院との振合いもあり、沢山出しておかないと一所懸命にならないだろうし、三番隊の看護の婦人は大へん苦労しているそうで、別段の心付をやって下されば、大いに頑張ってくれるでしょう。

同五月五日。

去年の暮れ捕虜にした連中の刀を取りあげてあったが、近日引渡すことになり、海軍隊の方に預ってある。ついては輜重隊へ廻すように命じてあるから、受取りの上、姓名を記し、何本と、それぞれ札が付けてあるから、それを一枚の紙に記して差出して下さい。いずれ箱を作ってそれに入れるようにしよう。

同五月七日。

昨日、捕虜の二人の刀の受取をしていないと聞いたが、誰がその応接をしたのか、その姓名を調べて知らせてほしい。（以下略）」

（『西郷隆盛』ＰＨＰ研究所）

稲盛は、こうした西郷の普段の心がけの大切さについて、「有意注意」という中村天風の言葉によって補強する。

天風は、若いころに国家主義運動家として知られる頭山満《とうやまみつる》に可愛がられ、後に大病を患いインドのカリアッパ師の下で修業し、「哲人」と呼ばれるようになった人物である。『成功の実現』（日本経営合理化協会）を始めとする著作は、戦後日本の経営者の多くが学んだ。稲盛もその一人であった。

天風の「有意注意」とは、目的を持って真剣に意識や神経を対象に集中させることである。

この「有意注意」は、あらゆる状況の、どんな些細な事柄に対しても、自分の意識を意図的に凝集させることである。

稲盛自身、若いころの失敗から、この「有意注意」を西郷の教えとからませて重要視するようになった。

それは、忙しさのあまり、ふっと気がゆるんでしまって、判断を簡単に済ませたり、小さな案件だと思って部下に一任したりして後に大きなトラブルが起きたためである。

そして次のように述べるのである。

「経営者は、膨大な数の案件を次々に瞬時に判断していかなければなりません。そのためには、すさまじいほどの集中力を発揮し、さらにはその集中を長く持続することが求められます。そのような持続した集中がなければ、正しい経営判断を続け、安定した企業経営を行うことはできないのです。」

（『人生の王道』日経ＢＰ）

日々の修養が大切である

なるほど人生は、宇宙のとてつもない長い歴史からすれば、わずかな一閃にすぎないものかもしれない。しかしだからこそ、その一瞬に満たない生の始まりよりは終わりの価値を高めることに、われわれの生の意義も目的もある

稲盛和夫

真《しん》の機会《きかい》は、理《り》を尽《つ》くして行《おこな》い、勢《いきおい》を審《つまびら》かにして動《うご》くと云《い》うに在《あ》り

西郷隆盛

日々の修養によって自分を磨き、高めることなくして人間として大きくなることはできないし、真の機会（チャンス）を手にして成功することもできない。そして、その成功も長続きするものでもない。『南洲翁遺訓』の中で西郷はこういっている。

「世の中の人がよく言う機会とは、多くはまぐれ当たりで得た幸せのことである。真の機会というのは、道理を尽くして行い、時の勢いをよく見極めて動くというところから生まれる。普段から国や世の中のことを憂うる心からの誠が篤くなくて、ただ時のはずみによって成功した事業は、決して長続きしないものである。」

（『南洲翁遺訓』三十八条）

西郷が愛読した佐藤一斎の『言志四録』の一文にはこうある。

「現在の自分が貧乏の境遇にあるとき、それを受け入れたうえでも修養して正しい道をめざしていなければ、後にお金持ちになったときに、必ずおごり高ぶる人となるだろう。また、現在の自分がお金持ちの境遇にあるとき、修養を忘れず正しい道を歩もうとしなければ、後に貧乏になったり困難な状態になったりしたとき、必ず狼狽して難しいことになるだろう。」

（『南洲手抄言志録』九十六条）

西郷からすると、多くの明治の高官たちは、恵まれないときの修養が足りなかったのだとの思いを強くしたことだろう。

ところで、若いころから律儀者として知られた徳川家康は、日々の修養をする心がけとして、「君子は物を見るときははっきりと見て、聞くときは正しくしっかり聞き、顔つきは穏やかに、慎み深い態度で、言葉は誠実に、仕事は慎重に、疑問は質し、腹が立ち怒ったら後の面倒を思い、利益を前にしたらそれが正当なものかを思うべし」という論語の「九思」の教えを自らの戒めとしていたという。

同じように、西郷自身は論語の教えの中から「克己」の日々の修養方法として、勝手に推測しない、無理強いしない、固執しない、我ばかり通さない、の四つをあげている。

稲盛も日々の修養のために仏教の教えを基にし、次の「六つの精進」を自ら実践した。

①誰にも負けない努力をする

人よりも多く研鑽し、またそれをひたむきに継続すること。

②謙虚にしておごらず
謙虚な心が幸福を呼ぶ。
③毎日の反省
日々の自分の行動や心のありようを点検して、自分のことだけを考えていないか、卑怯なふるまいはないかなど反省し、改めていくこと。
④生きていることに感謝する
生きているだけで幸せと考え、どんな小さなことにも感謝する心を育てていくこと。
⑤善行、利他行を積む
思いやりある言動を心がける、こうして人格が磨かれていく。
⑥感性的な悩みをしない
いつまでも不平をいったりしてもしかたがない。心配にとらわれたり、くよくよ悩まない。そのためにも後悔しないくらいに全身全霊をかけて物事にとり組む。

「これに真摯に取り組めば、魂は練磨され素晴らしい人生を送ることができると私は信じている」（『人生と経営』致知出版社）というのである。

読書で心を高める

自らの直接的な経験と、読書を通して得た間接的な経験は、人生で成功を収める上での精神的な基盤をつくってくれます

稲盛和夫

誠意《せいい》を以《もっ》て聖賢《せいけん》の書《しょ》を読《よ》み、その処分《しょぶん》せられたる心《こころ》を身《み》に体《たい》し、心《こころ》に験《けん》する修行《しゅぎょう》を致《いた》さず、ただ今様《かよう》の言《げん》、今様《かよう》の事《こと》と云《い》うのみを知《し》りたるも、何《なん》の詮無《せんな》きものなり

西郷隆盛

稲盛と西郷の生き方を比較してみると、共通するところがとても多いということはよくわかっただろう。さらに大変共通する点として、読書の方法と生かし方がある。学者でもない二人だが、学者顔負けの読書の質と量がある。何よりもすばらしいのが、それは実践するため、世の中に貢献するため、生かすための読書であり思索であるということである。読書し、思索し、実践してみて、また読書と思索で検証をしていくということの連続で、心をどんどん高め、人間としての深まりと成長を遂げていったことである。

西郷はこう述べる。

「聖人や賢人のようになりたいという志もなく、また昔の人の立派な行いを見て、とても自分は及ばないというような心がけでいることは、戦いに臨んで逃げるよりもなお卑怯なことである。朱子も白刃（抜かれた刀）を見て逃げる者はどうにもならないといった。誠意をもって聖賢の本を読み、聖賢たちが事にあたってどのように対処してきたかを身につけるようにし、そして自分の心をためしていくような修業をしていかずに、ただ『このような言葉があった』とか『このような事があった』などと知っても、何の役にも立たないのである。

私は今日の人の論ずるところを聞いても、なるほどもっともなことを言っても、実践に生かそうという心が欠けていれば、ただ口先だけのことであるから、少しも感心しないのである。本当にその行いができている人を見ると、立派な人であると感じ入るのである。聖賢の書を空しく読むだけなら、たとえば人の剣術をそばから見ているのと同じで、少しも身につかない。自分に身につかないならば、万一剣を持って立ち会えと言われたら、逃げ出すよりほかはないであろう。」

（『南洲翁遺訓』三十六条）

このように西郷は実践に生かす読書をせよ、しかも聖人・孔子や賢人・孟子のようになるんだという志を持って学べと強く励ましている。知識を得るためだけ、見せかけのよさのための読書は、何の役にも立たない〝本の虫〟になるにすぎないと批判する。

新渡戸稲造は『武士道』の中で、西郷のいう〝本の虫〟を引用しつつ、日本の武士道における読書の位置づけを紹介している。

「ある典型的な武士（西郷）は文学に通じた学者のことを『本の虫』と呼んだ。また、ある人（三浦梅園）は学問を青臭い野菜にたとえて次のように言った。『学問は青臭き野菜のようなものである。よく茹でてその臭みを取り去らなければならない。少し本を読んだ者は少し学者臭く、よく本を読んだ者はさらに学者臭くなる。困ったものである』と。その意味するところは、知識というのはこれを学んだ人の心の中に同化し、それがその人の品格の中に現れるときにだけ真に知識となるということである。」

（『武士道』より）

さらに、西郷が抜き書きした佐藤一斎の言志四録の中にも次のような文章がある。

「学問を始めるに際しては、まず必ず立派な人物になろうという志を立て、それから書物を読むべきである。そうでなくて、いたずらに、自分の知識を広めていくことに一生懸命になるならば、傲慢になったり、悪事をごまかすためになったりする恐れがある。こうなると『敵に武器を貸し、盗人に食物を与える』ようなもので、心配なこととなる。」

（『南洲手抄言志録』八十一条）

また、名のある偉人たちも口を揃えて読書や学問は立派な人物となるための実践に生かすためにやるべきだといっているのである。同じく、稲盛も次のように述べる。

「自分自身を高め、そして磨くために努めて読書すべきだと思います。良い本を読むことを習慣づけて、そこに書かれていることを真剣に吸収するのです。」

（『成功への情熱』ＰＨＰ研究所）

そして次のように、読書を続ける中で大きな気づきも得ることができたという。

「最初に学ぼうと思ったのは、やはり松下幸之助さんです。仕事の合間に幸之助さんに関する本を貪るように読みました。本田宗一郎さんの本も熱心に読みました。社業に打ち込む傍らで、時間を見つけては、中国の古典、孔孟の教え、哲学や思想、そして仏教を学んでまいりました。

そうした本を引っ張り出しては読み、戻してはまた出して読み返すうちに、だんだんと分かってきた。『なるほど、なるほどな、やっぱり人間なんだ』と。企業経営者として、また悩み苦しみながら生きる1人の人間として、日々遭遇する出来事に照らし合わせてみると、人の考え方がしっかりしていなければ何事も立派に成就することがない。これはこの世の中の絶対的な真理だと確信を深めていったのです。」

（『日経ビジネス』2005年12月5日号）

こうして稲盛は、どんなに仕事で遅くなっても、寝る前に必ず本を読んできたという。若いころからの習慣として中国古典や哲学、あるいは宗教関連の本を読む。あるときは風呂の中で読むこともあるし、週末に休みがとれれば一日中本を読んでいるのが好きだという。そして次のように読書の意義を語る。

「もちろん、人生において一番重要なことは、実際の経験を通して学ぶことです。しかし、読書は、それらの経験をもっと意味のあるものにしてくれるのです。その上、本は、実際にはまず経験できないようなことも教えてくれ、頭の中でシミュレーションを行うことを可能にするのです。」

（『成功への情熱』ＰＨＰ研究所）

足るを知る生き方

これからの日本に求められるのは、お釈迦様が説かれた「足るを知る」という生き方ではないでしょうか

稲盛和夫

節義廉恥《せつぎれんち》を失《うしな》いて、国《くに》を維持《いじ》するの道決《みちけつ》してあらず

西郷隆盛

西郷は、克己の人であり、私欲もほとんどなく、足るを知る人そのものであった。大きな家に住みたいとか、豪華な食事をしたいという私欲はまったくなかった。

それなのに、明治維新によって生まれた新政府の政治家や官僚たちの間には、奢侈《きょうしゃ》と放蕩《ほうとう》の風潮が広まっていった。

これに対して西郷は、太政官《だじょうかん》の会議で、何度も綱紀《こうき》粛正《しゅくせい》のことを提議し、決議して布告したが、なかなか守られるものではなかった。ひどい官吏になると生活が派手でぜいたくになるだけでなく、賄賂《わいろ》を要求したり、権力を悪用して財産を手にするものもあった。西郷が「三井の番頭さん」と非難した大蔵大輔《たいふ》の井上馨《かおる》は、その一人である。

西郷自身は、多くの大官たちが美しい服を着飾り、馬車を仕立てて出仕する中において、木綿の服に小倉の袴で草履ばき、そのうえ、おにぎりの弁当持参で出仕しつづけた。

住居は日本橋小網町にあって敷地は広かったが、そこに質素な小屋のような家を建て、書生たちと暮らした。あるとき岩倉具視が訪ねてきて、そのみすぼらしさにあきれ、「ご身分にあった家に住まれるべきでしょう」と忠告したら、西郷は「国の家はもっと汚うごわす」と笑って答えたという。

西郷は、これでは維新前よりひどいではないか、何のための倒幕戦だったのかと心からなげき、次のように述べ、しきりに涙を流した。

「維新になって新しい政治を行うときなのに、立派な家をつくり、服装を華美にし、美しい女性を手元に置き、自分の財産を増やそうと考えるならば、維新の成果は遂げられないことになろう。今の政府や高官たちを見ていると、戊辰《ぼしん》の正義の戦いも、結局、私利私欲のためにやったようになっていて、天下に対して、戦死者に対して面目ないことである。」

（『南洲翁遺訓』四条）

さらには、次のように日本の将来を憂うのである。

「道義心や恥を知る心を失っては、国を維持することはできない。これは西洋各国でも同じである。上に立つ者が下に対して自分の利益のみを求めて争い、正しい道を忘れてしまうときは、下の者もこれにならうようになり、人の心は皆、自分の利益のみを求めていき、卑しくてけちな心が日に日に増長し、道義心や恥を知る心を失ってしまい、親子兄弟の間でも財産を争い、お互いに敵視するに至るのである。このようになれば、何をもって国を維持することができるであろうか。」

（『南洲翁遺訓』十六条）

周知のごとく、「足るを知る」というのは老子の言葉、教えとして広く知られている。「足るを知る者は富む」や「足るを知れば辱《はずか》しめられず、止《とど》まるを知れば殆《あや》うからず」と述べている。西郷の生き方は、武士そのものであるが、こうした老子の教えを由来とする人生観もバランスよく兼ね備えていたといえよう。

特に、「富貴《ふうき》にして驕《おご》るは、自《みずか》ら其《そ》の咎《とが》を遺《のこ》す。功遂《こうと》げて身《み》の退《しりぞ》くは、天の道なり」という老子の教えは西郷の信条ともなった。すなわち、財産や富ができておごりたかぶる者は自ら破滅していくことになろう。仕事をやり遂げたなら、さっさと引退して身を引くのが天の道なのだ、ということである。

稲盛も老子の「足るを知る」や「天網恢恢疎《てんもうかいかいそ》にして漏《も》らさず」という言葉を大切にしていた。天というのは、私たちのすべてを見ており、善人に味方にしてくれるのだという「常《つね》に善人《ぜんにん》に与《くみ》す」の老子の教えを意識していたのであろう。

このように、稲盛も西郷も私欲を抑える生き方を信条として守ってきた。

そして、これからの日本人の生き方についてもその根本的な哲学として「足るを知る」というものを提言している。これは自然界の普遍的なルールでもある「節度」を見習うべし、ということだ。

たとえばライオンは、満腹のときはさらに獲物を追い求め、むさぼることなどしない。これからの日本は世界に率先して物質的な豊かさを追い求めるのではなく、どうすれば皆が心豊かに暮らしていけるかという方向を模索するべきなのだ、と稲盛は説く。

「つまり私欲をほどほどにし、少し不足くらいのところで満ち足りて、残りはほかと共有するやさしい気持ち。あるいは他に与え、他を満たす思いやりの心。甘いといわれようが、絵空事といわれようが、私はそのような考え方が必ず日本を救い、大きくいえば地球を救うと信じています。」

（『生き方』サンマーク出版）

と、日本の将来の道を示していたのである。もし西郷が生きていれば、「まさにその通り」と喜んで相づちをうつにちがいない。

第三章

運命を開く

great person
KAZUO
INAMORI

正しい道を歩めば運命は開けていく

謀略、策謀を用いたのでは、一時はうまくいくかもしれないが、決して長続きはしませんし、必ず失敗してしまうのです

稲盛和夫

作略《さくりやく》は平日致《へいじつい》さぬものぞ。作略《さくりやく》を以《もっ》てやりたる事《こと》は、其迹《そのあと》を見《み》れば善《よ》からざること判然《はんぜん》にして、必《かなら》ず悔《く》いあるなり

西郷隆盛

西郷は多くの苦難を目の前にしても、常に人として正しい道を歩むことを貫いてきた。そして日本のために働きつづけた。この正しい生き方を選ぶ姿に、多くの人々が感銘を受けてきたのである。

それは西郷が「道は天地自然の正しい道理」であって、ゆえに「敬天愛人」の生き方を貫くのだと覚悟し、その通りの道を進んだためであった。

どんなことがあろうと、曲がったことはしない、道理に反することはしない、人をだますような策略はしないという生き方である。

『南洲翁遺訓』でも西郷は「人を相手にせず、天を相手にせよ。天を相手にして自分の最善を尽くし、うまくいかなくても人の非や過ちをとがめない」と述べている（二十五条）。

また次のようにもいう。

「事の大小に関係なく、正道を踏んで至誠をつくして行うべきで、少しも詐謀を用いてはならない。人は多くの場合、あることに差し支えが出て行きづまると、策略を用いていったん行きづまりをなくして通しておけば、あとは時に応じて何とかよい工夫ができるように思っているが、策略を用いたための問題が必ず出てきて、必ず失敗に至るのである。正道を踏んでいくことは、迂遠《うえん》な回り道のように見えるが、先に行けば、かえって成功は早いものである。」

（『南洲翁遺訓』七条）

策略を用いて、人としての正しい道を踏み外すと必ずどこかでしっぺ返しが来るのだというのである。西郷が策略を用いてばかりの政治家連中に愛想をつかし、東京から引き上げ故郷の鹿児島に戻る際に弟の従道《つぐみち》に「自分は、これまで少しも策略をやったことがないから、引き上げたあとは、少しも濁ることはないぞ。それだけは見ておけ」（『南洲翁遺訓』三十四条）といったという。

稲盛もビジネスの世界においては、「そこは『弱肉強食』の戦いの場であるから、どんな手段も使ってもよいと思う人もいるが、それはまちがっている」と断言する。

企業経営においてまずやるべきことは、他社の動きに対して何かする前に、とにかく自分の会社を強くするために、努力に努力を重ねることだというのである。

西郷も述べるように策略を用いて得た成功などは、決して長続きしないのである。もし、こちらが策略を用いれば、相手も負けないために策略を用いるようになる。つまり裏のかき合いとなってしまうことになるだろう。いつの間にか、正しい道、正しい生き方を忘れ、結局、どこかでつまづくことになるだろう。

　だから稲盛は、そういう策略を用いるようなまちがった道を進まないように次のように励ますのである。


「世の中には、そんな小賢しい策略をめぐらせるようなことが好きな人がいます。いつもそういうことばかり考えていて、世渡りがうまく、笑顔を振りまきながら、他人を踏み台にすることなど何とも思わないような輩です。

　そういう人のペースに、自分も引きずり込まれてはなりません。『天網恢々疎にして漏らさず』、そのような人がいつまでも栄えたためしはありません。

　ただ一生懸命に自分がすべきことを貫けばいい。他人のことをあれこれと意識することなく、己の誠を貫くこと、それがすべてなのです。」


（『人生の王道』日経BP）

願望を信念にまで高める

心の奥底から発し、信念にまで高まった願望を持っている人は、問題をいかに解決するかという創意工夫と努力を始めるのです

稲盛和夫

道《みち》を行《おこな》う者《もの》は、天下《てんか》挙《こぞ》って毀《そし》るも足《た》らずとせず、天下《てんか》挙《こぞ》って誉《ほ》むるも足《た》れりとせざるは、自《みずか》ら信《しん》ずるの厚《あつ》きがゆえなり

西郷隆盛

「幾《いく》たびか辛酸《しんさん》を歴《へ》て、志《こころざし》始《はじ》めて堅《かた》し」

これは西郷の有名な言葉で、自らの人生を省みて、つい弱気になったり、あきらめたりしがちだった若いときを反省し、そしてついに志を信念にまで高めて、何事にもへこたれず、やり抜いた人生をふり返った際に出たものである。

西郷の初めの志は、仕えていた斉彬の志の実現（幕府と朝廷と有力諸藩が一体となって協力しつつ日本を守り、発展させていくこと、そしてそれに薩摩藩が指導力を発揮すること）に自分が役立つことであった。しかし、斉彬死後は挫折と冷遇に嫌気もさし、その志がふらついたこともあった。

だが、若いころから学んだこと、たとえば天は正しい道を歩む者に味方してくれることや、陽明学の「知行合一」の教え（つまり知っただけでは意味がなく、実践し、成しとげて初めて自分の力にできるのだ、ということ）を再び思い起こし、斉彬の志を発展させ、自らの志を育てていった。

そしてついに、天皇を中心とした国民のための統一国家の建設を、信念として持つまでになった。

その後、西郷の信念は人々を引っぱり活躍させ、明治維新として実現することになっていくのである。
このように、願望を信念にまで高めた人の中から、西郷の述べる「命もいらず、名もいらず、官位も金もいらぬ人」も生まれてくるのであろう。これは孟子のいう本物の人物にも通じると西郷も考えた。つまり、孟子のいう次のような人である。

「本物の人物というのは、仁という広い家に住み、礼という天下の正しい位置に立って事を行い、義という天下の正しく大きな道を行い、志を得て用いられれば、人々とともに仁、礼、義の道を行い、志が得られず用いられないときは、独りでその道を行う。どんな富や地位をもって誘われてもその人の正しい道を曲げさせることはできず、どんなに貧しくて身分が低かろうとその正しい生き方を変えることはない。さらにその人をいかなる権威や武力で屈させようとしてもできないような人物だ。」

（『南洲翁遺訓』三十条）

稲盛は、西郷が若かりしころ、夢破れ、あきらめてしまいがちだったような生き方を「状況の奴隷」あるいは「状況妄動型の人間」と位置づける。つまり「こうしたい」と思っても、社会情勢や経済情勢からして、自分の夢や目標が実現困難だとあきらめてしまうことである。

しかし、稲盛は「状況の奴隷」になってはならないと強く述べる。

そして、志が真に固まってからの西郷のように願望を信念にまで高めよ、と励ます。

「もし強い願望を抱いて、自分の夢をあきらめなければ、何とか実現できるよう、さらに良い方法を考え続けていくことができるのです。心の奥底からこうありたいという、強い願望を持てば、人の心は、眠っている間でさえも、何とか壁を取り除こうと考えるようになるのです。このようにして信じられないほどの創造力が生まれてくるのです。」

（『成功への情熱』ＰＨＰ研究所）

そして、「目的に到達するまで、決してあきらめない」のだという。

このように願望が信念にまでなった人、たとえば西郷や稲盛といった人々の志や目標は必ず実現していくことになるのである。

強く思えば叶う

思いはいわば種であり、人生という庭に根を張り、幹を伸ばし、花を咲かせ、実をつけるための、もっとも最初の、そしてもっとも重要な要因なのである

稲盛和夫

入《い》るを量《はか》りて出《い》ずるを制《せい》するの外《ほか》、更《さら》に他《ほか》の術数《じゅっすう》無《な》し

西郷隆盛

高い目標や難しいことにチャレンジし、成功していくには、まず、その実現を「強く思うこと」が必要である。思いが強くなければ、計画も手がつけられずに、実践もおろそかになって、願いも叶うものではない。

言行一致の人である西郷は、成し遂げようと強く思ったことに向かっては、準備を周到に行い、そして必ずその実現に向かって動きつづけた。だから、「真の機会（チャンス）というのは、道理を尽くして行い、時の勢いをよく見極めて動くというところから生まれる」と自信を持っていえるのである（『南洲翁遺訓』三十八条）。

たとえば、斉彬死後、その遺志を継ぎ藩の最高実力者となった久光が朝廷や幕府の政治に進出しようとしたときに、「まだ準備が十分になされていない。それは思いつきの行動のようなものだ」と意見したときにも、そうした西郷の考え方がうかがえた。すなわち、まだ「思い」が本物ではない。強くない。だから準備も不十分だし、実現も不可能に近いというのだ。

西郷がこのように反対した理由はいくつかあった。まずは斉彬のときと今の情勢がまったく変わっていることであった。当時は公武合体が唯一の策だったが、今は天皇を中心とした政治も考えられるようにもなってきたのである。

また、斉彬は天下の人々が賢明さを仰いでいたが、実は地道に朝廷や幕府内に多くの同志をつくり、ほかの雄藩とも協力しながら周到な準備をしていた。これに対し、久光はまだ無名であって、朝廷でも無官である。さらに幕府内に席もない。諸大名とも交際が少ない。以上のことから、久光の計画は思いつきによる行動でしかないと西郷はいうのである。

ところで西郷が愛読した佐藤一斎の『言志四録』の中の文章に次のようなものがある。西郷が自身の教訓とするため、『言志四録』から一〇一カ条を抜粋してまとめた『南洲手抄言志録』から紹介したい。

「心の働きは、思うということである。思うということは、正しい道の実践について工夫・努力を重ねることである。思えば、正しい道についてますますくわしくわかり、いよいよ誠実に取り組むようになる。その誠実に取り組むことを『行』といい、そのくわしくわかることを『知』という。したがって『知』も『行』も、結局は『思』の一字に帰することになる。」

(『南洲手抄言志録』二十六条)

これは陽明学でいう「知行合一」の考え方の説明でもある。そして西郷自身の生き方でもあった。すなわち真摯に心に強く思うということは、正しい道をくわしく知ること（知）であり、誠実にとり組んでいくこと（行）でもある。

そもそも儒教の始祖ともいうべき聖人・孔子からして、次のように述べているのがおもしろい。

「『庭梅の花がひらひらと美しくゆれている。それを見てあなたを思い出し、恋しく思うが、あまりにも家が遠すぎる』という古い詩がある。孔子はこれを口ずさんで、そしていった。『それはまだ本当の思いではない。強い本当の思いがあれば、遠いなんて何とかなるものである』」

（『論語』より子罕第九）

これは古い男女の恋の詩についての孔子の感想だが、後の陽明学の「知行合一」にも連なる教えである。思いが強くて本物であれば、できないことなんてない。できないのは、思いがそこまで至っていないからだと教えているのである。

この「強く思う」ことの大切さを稲盛が学んだのは、会社を経営し始めたころに聞いた松下幸之助の講演からだったという。

それは有名な「ダム式経営」の話だった。

すなわち、ダムを持たない川というのは、大雨が降れば大水が出て洪水を起こすし、日照りが続けば枯れて水不足となる。だからダムをつくって水をためておかなくてはいけない。それと同じように経営もダムをつくっておくような余裕のある経営をすべきである、というものだった。

すると会場の中の一人が、「私もダム式経営に感銘を受ける。しかし、今余裕がないのをどうすればよいのか、それを教えてほしい」と質問したのである。

これに対して松下は、「そんな方法は私も知りませんのや。知りませんけれども、余裕がなけりゃいかんと思わないけませんな」と答えたという。

その答えに会場の中は、「全然答えになっていない」と失笑が広がったが、稲盛自身は、体に電流が走るような大きな衝撃を受けた。松下の言葉に重要な真理をつきつけられた思いだったのだ。

そして次のことを強く学んだのである。

「つまり、松下さんは、『まず思わなかったら、そうはならない』ということを言われたのです。理想に対して、『そうは思うが、現実には難しい』という気持ちが心の中にあっては、ものごとの成就が妨げられると言われたのです。

人は自分が信じてもいないことに、努力できるはずがありません。強烈な願望を描き、心からその実現を信じることが、困難な状況を打開し、ものごとを成就させるのです。」

（『心を高める、経営を伸ばす』ＰＨＰ研究所）

善い思いを描いた人にはよい人生が開ける

善き思いや善き行いはそのまま、善へ向かう宇宙の意志を満たすことですから、そこからよい結果、すばらしい成果をもたらされるのは当然のことです

稲盛和夫

国《くに》に尽《つく》し、家《いえ》に勤《つと》むるの道明《みちあきら》かならば、百般《ひゃくはん》の事業《じぎょう》は従《したがっ》て進歩《しんぽ》すべし

西郷隆盛

西郷の教えと実践は、まさに人としての善き思いを描き、そして人としての正しい道理に生きていくことであったと解説してきた。

どんな状況に置かれようとも天を信じ、天を相手にして正しい思いを持ちつづけて、人に対しての策略などを考えてはいけないというのである。

西郷は、そうした正しい思い、善き思いこそ天が喜び、天がその思いと生き方を応援してくれるのだとの確信があった。すべての物事は、正しい方向に進んでいることを信じているのである。

だから、たとえば、「文明とは何か」についてある人と論争したときのことを次のように紹介している。

「文明というのは、道理にかなったことが広く行われることをたたえていう言葉であって、宮殿が荘厳であるとか、衣服がとても美しいとか、外観が華やかでうわついていることをいうのではない。世の中の人たちが言っているのを聞いていると、何が文明やら、何が野蛮なのかちっともわからない。自分はかつてある人と議論したことがある。私が『西洋は野蛮だ』と言うと、その人は『いや、西洋は文明だ』と争ってきた。『いや、いや、野蛮だ』と畳みかけて言うと、『なぜそれほどまで野蛮だと言うのだ』と強く言うので、私は、『西洋が本当に文明だというならば、未開の国に対しては、慈愛をもとにして、懇々と説きつつ文明開化を導いていくはずなのに、そうではなくて、未開で知識や知恵に乏しい国に対するほど、むごくて残忍なことをして自分たちの利益をはかっているのは野蛮であろう』と言ったところ、その人は口をすぼめてしまって返答ができなかった。」

（『南洲翁遺訓』十一条）

文明とは、人間がいかによい暮らしをするか、幸せに生きるかを考え、それに寄与する社会の科学技術の進歩とか学問、思想の発展のことだ。つまり、どこまでも人間のよりよき進歩に貢献することである。なぜなら、私たちの社会は人間のよりよい生き方をそうであるべきだと考え、進化させてきたのだから。

こうしたことを西郷はよく理解していたからこそ、敬天愛人の思想をよくよく唱えていたのだ。

稲盛は人と社会の進化から、この「善い思いを描く人にはよい人生が開けてくる」という西郷の生き方が正しいことを、見事に証明してくれる。

それは、善い心……たとえば、「世のため、人のため」という思いなどこそが人が本来持っている「意思」である、と考えるのである。

すなわち我々の社会には、すべてをよくしていこう、進化発展させていこうという力の流れが自然に存在している。それは社会、いうなれば神や宇宙の意志といえる。だからこうした流れに乗れば、人生に成功と繁栄をもたらすことができるし、反対に、この流れから外れてしまえば没落と衰退が待っていることになる。

この結論を稲盛は技術者らしく宇宙の生成過程から次のようにわかりやすく説いている。

宇宙は、ものすごい高温、高圧の素粒子のかたまりが、百三十億年ほど前に大爆発を起こして始まった（ビッグバン理論）。そして、その後宇宙は、一つの生命体のように、成長しつづけていると見ることができる。

その成長のあらましを次のように要約している。

「物質を形づくっているのは原子ですが、その原子の核（原子核）は陽子、中性子、中間子で構成されています。さらにその陽子や中性子を壊してみると、そこから素粒子が出てくる。物質を突き詰めていくと、このように素粒子に還元されることがわかります。

つまり、宇宙の始まりにあたり、まずビッグバンで素粒子同士が結合した。それによって陽子や中性子、中間子が生まれ、それが原子核を構成して電子を取り込み、原子が生まれる。さらに、核融合を通じて多種の原子が生まれ、その原子同士が結合して分子をつくる。その分子がまた結合して高分子を形成し、高分子はＤＮＡという遺伝子を取り込んで、『生命』を誕生させた。

さらに、その原子的な生命が気の遠くなるような年月を経て進化を重ね、やがて人類のような高度な生物を生みだすに至った――いってみれば宇宙の歴史とは、素粒子から高等生命体へと進化発展する、ダイナミックな過程であるともいえます。」

（『生き方』サンマーク出版）

こうした宇宙の歴史を素直に見るならば、西郷の考えていた、そして信じていた天の意志と同じようなものとなる。

つまり、こういうことだ。

「宇宙には、一瞬たりとも停滞することなく、すべてのものを生成発展させてやまない意志と力、もしくは気やエネルギーの流れのようなものが存在する。しかもそれは『善意』によるものであり、人間をはじめとする生物から無生物に至るまで、いっさいを『善き方向』へ向かわせようとしている。
よいことをすれば、よいことが起こる因果応報の法則が成立するのも、また、素粒子が素粒子のままとどまらず、原子、分子、高分子と結合をくり返し、いまもなお進化をやめないでいるのも、その流れや力に促されてのことなのです。」

（『生き方』サンマーク出版）

こうしてみると、「そもそも人は本来天から善性を与えられているのであって、それを見出し伸ばすのが教育である」という東洋思想の出発点も十分納得できるものになる。
だからこそ、私たちは、人間の本質を知り、自らを修養し、善き思いを持ち、世のため人のために生きていくことが正しい生き方、意義ある人生となるといえるのである。

誠実は力なり

一見愚鈍に見えるほど誠実で忍耐強い努力、このことこそが偉大なことを成し遂げていくということを、まさに京セラの歴史が証明している

稲盛和夫

天《てん》を相手《あいて》にして、己《おの》れを尽《つく》し人《ひと》を咎《とが》めず、我《わ》が誠《まこと》の足《た》らざるを尋《たず》ぬべし

西郷隆盛

明治以降の日本の発展は、日本人の誠実さと勤勉さが最大の原動力だったといわれている。そして、この誠実さと勤勉さは、長く日本人の美徳とされた。しかし、今、この美徳が揺らいでいる。そして日本の未来に不安も抱かれるようになってきた。

日本人の誠実さ勤勉さは、江戸時代に行われた武士の子弟への儒教の教育、それに庶民の子弟たちへの寺子屋教育とまじめに働く農民たち、商人たちの姿が、国民全体に広まっていったことにより定着した。この誠実さと勤勉さの象徴が、戦前に全国の小学校に建てられた二宮尊徳《にのみやそんとく》の銅像でもあった。

日本人が、まず誠あるいは誠実さという美徳の大切さを書物できちんと学んだのは、論語、孟子、中庸などの四書五経であったといってよい。『中庸』は、孔子の孫である子思《しし》の作といわれているが、孟子の影響も強いとの説が有力である。

中庸では次のように「誠」を説明している。

「誠というのは天の道である。この誠をこの世に実現していくのが人としての努めるべき道である。聖人のようにもともと誠が身についている人は、意識せずとも、自由にしていても、誠の道を行けるだろう。しかし、私たち通常の者は、学び、励んで本当の善を見出し、誠の道をしっかり守っていくのである。」

さらに孟子は、誠こそすべてのものを動かす力がある、と次のように断言する。

「誠がすべての根源であって、誠は天の道（自然の道理）である。すなわち元来人の本性である誠を身につけていくのが人の人たる道なのである。したがってこうした至誠をもって動かすことのできないものは、この世にはなく、また、誠なくして本当に動かせうるものはないのである。」

（『孟子』より離婁上）

実際、誠の力を信じ、実践した人たちが、日本を救い、そして動かし、さらには明治維新を実現させたのである。その代表的日本人たちが二宮尊徳、幕末にあっては吉田松陰、そして西郷らであった。

西郷も『南洲翁遺訓』の各所で誠の大切さを述べている。たとえば次のようなものである。

「事の大小に関係なく、正道を踏んで至誠をつくして行うべきで、少しも詐謀を用いてはならない」

「天を相手にして、自分の最善を尽くし、うまくいかなくても、人の非や過ちをとがめるのではなく、自分の誠の足りないことを反省すべきである」

「人に対しては、公平にそして心からの誠実さをもって接しなくてはいけない」

「普段から国や世の中のことを憂うる心からの誠が篤くなくて、ただ時のはずみによって成功した事業は、決して長続きしないものである」

「世の中のことは誠（心からの誠実）がないかぎり動かすことはできない」

（『南洲翁遺訓』七条、二十五条、三十五条、三十八条、三十九条）

このような西郷という人間を一言で表現するならば、やはり「至誠の人」ということができよう。

ところで稲盛も、やはり誠実さこそすべての物事を成就させていく力があると考える。

それは稲盛の半生、そして京セラの歩みからもわかることだが、稲盛自身は、内村鑑三の

『代表的日本人』の中の二宮尊徳から、ますます誠の大切さを学んだと述べている。

内村鑑三の『代表的日本人』は、明治末に日本のことを世界に紹介するために英文で書かれた本である。そこには、すでに紹介した西郷のほか、上杉鷹山《ようざん》、二宮尊徳、中江藤樹《とうじゅ》、日蓮上人の五人がとり上げられている。

その中の一人である二宮尊徳は、江戸末期に活躍した農業指導者、財政改革指導者であり、道徳を根底にした指導法により多くの荒廃した地域を立ち直らせたことで、日本中から尊敬を集めた。この二宮尊徳について学び経営にも生かした人は多い。その一人がトヨタの創業者、豊田佐吉であった。豊田佐吉も勤勉、誠実を絵に描いたような発明家、技術者で、そして経営者だった。内村鑑三は述べる。

「そこには権謀術策はありませんでした。あるのは、ただ魂のみ至誠であれば、よく天地をも動かす、との信念だけでした。ぜいたくな食事はさけ、木綿以外は身につけず、人の家では食事をとりませんでした。一日の睡眠はわずか二時間のみ。畑には部下の誰よりも早く出て、最後まで残り、村人に望んだ苛酷な運命を、みずからも共に耐え忍んだのでした。」

（『代表的日本人』鈴木範久訳・岩波文庫）

これについて稲盛も次のように強い共感を示しているのである。

「私もそう考えている。企業経営には、権謀術数が不可欠だと感じている人が多いかもしれないが、そういうものは一切必要ない。今日一日を一生懸命に生きさえすれば、未来は開けてくる。また、正々堂々と人間として正しいやり方を貫けば運命は開けてくると考えている。実際に京セラやＤＤＩの経営に携わり、日々懸命に働いているうちに、次に打つべき手は自ずから見えてきたし、そうすることが素晴らしい成果をもたらせてもくれた。私には、このことは、ひたむきに取り組む我々の姿に、天が心打たれ、手を差し延べてくれたのだと思えてならない。」

（『人生と経営』致知出版社）

動機善なりや

動機が善であり、実行過程が善であれば、結果を心配する必要はないのです

稲盛和夫

人《ひと》は第一《だいいち》の宝《たから》にして、己《おの》れその人《ひと》に成《な》るの心懸《こころが》け肝要《かんよう》なり

西郷隆盛

社会が発展し、科学・技術が進歩し、政治や経済も複雑多岐にわたってきても、世の中で大切とされるべきものは、そんなに変わるものではない。

その一つが、人として正しい心を持ち、世のため人のために役立ちたい、という思いのある人間を目指す生き方をすることである。

人生において何をやるにおいても、人として善き心がけを持つべきなのである。

西郷も、何よりも人がどういう心がけでとり組むかが重要なのだ、として次のように述べる。

「どんなに制度や方法を議論しても、それを行う人が立派で、できる人でなければうまく行われないだろう。まず立派で、できる人があってから、その方法が行われるものであるから、人こそ第一の宝であって、自分もそのような人物になるように心がけるのが大切なのである。」

（『南洲翁遺訓』二十条）

さらに西郷は、正しい動機や日ごろの誠実な努力なしに行われた事業は長続きしないのだ、という。西郷が愛読した佐藤一斎の『言志四録』には、次のような文章がある。

「これをやるしかないとまで考え抜いた上でのやむにやまれぬ勢いで動けば、何ものにもさえぎられない。また曲げることのできない正しい道を行っていけば危険なことはない。」

「人の心の霊妙な働きは、『気』が中心となっているといえる。その『気は体に満ちている』（孟子）ものである。だから、およそ事をなすには、この気をいっぱいにしてから始めればすべてに失敗はない。」

（『南洲手抄言志録』十二条、九十条）

これは孟子の教えを前提とするもので、つまり、志（世の中の役に立つという正しい目的や動機があること）をしっかりと持って、気が充実していくと、すべて物事がうまくいくということである。

これらの教えをまさに実証したのが稲盛の第二電電（現ＫＤＤＩ）による通信業界への新規参入であった。稲盛は、第二電電を本格的に立ち上げるまでの半年間、毎晩寝る前に自問自答したという。

「本当に国民のためを思っているのか」

「きれいごとをいっているだけではないのか」

「この機会に京セラを大きくしたいとか、自分が儲けたいという私心はないのか」

「どこかに自分が目立ちたいという邪心があるのではないのか」

こうして自分に問い続けた結果、「いささかの私心もない」と断言できるようになったとき創業を決断したのである。そして、こう振り返るのである。

「もし、私が創業の志を忘れ、私利私欲を募らせ、小賢しい策略に走っていたら、おそらくＤＤＩの発展はなかったことでしょう。

私心を捨て、志を純化していったからこそ、運命の女神が微笑んでくれたのです。

新規事業への挑戦の多くが失敗に終わり、成功するのはほんの一握りです。事の成否を分けたのは、私心なき純粋な心だと私は信じています。」

（『人生の王道』日経ＢＰ）

答えは常に現場にある

仕事の現場には、神がいます

稲盛和夫

丈夫《じょうぶ》は玉砕《ぎょくさい》、甎全《せんぜん》を愧《は》ず

西郷隆盛

西郷の人生を見て思うのが、つくづく至誠の人であり実践の人である、ということである。

自分がこうすることが世のため人のためになるとわかったならば、じっと何もしないでいることができない人間であった。必ず現場に行き、若いころなどは農民の苦しみを知ると黙っておられず、藩主あての意見書を出すというようなこともあった。

また斉彬の死後、西郷は奄美大島で潜居していたが、中央政治に乗り出そうとする久光に呼び戻された。西郷の忠誠に疑いを持っていた久光は、いよいよ上京というときに事前に九州の情勢の視察を西郷に命じ、下関にて久光一行を待つように指示していた。しかし、西郷は、久光の命令に反した形となったが、京に急行した。それは、久光上京に合わせ、全国の尊王攘夷派がただちに倒幕へのテロ活動に走る、という情報を得たからであった。ここは、尊王攘夷派にもパイプが強い自分が自ら飛び込んで止めないととり返しがつかないことになる、とわかったからだった。しかし、自分の命令を守らないと怒った久光は、ただちに西郷を鹿児島に送り返し、後に死罪にも等しい沖永良部島への遠島処分にした。

結局、二年後に再び西郷は呼び戻され、禁門の変の後、第一回長州征伐において征長軍の参謀長となった。

至誠の人である西郷はこのときも自らの信念に基づいて行動していた。長州をつぶしてはならないこと、しかし、一応の征伐の名目を立てることに注意しつつ行動した。このときの講和の条件の一つである「長州がかくまう三条実美《さねとみ》ら尊王攘夷派の五人の公卿を他藩へ移す」ことを説得するために、自ら五卿付の衛士だった中岡慎太郎《しんたろう》に会いに小倉に乗り込んだ。自分の命の危険も省みない行動である。

中岡は西郷を刺し殺すことも考えていたが、西郷の誠意と人物のすばらしさにすっかり感動し、移転に同意し、さらに自ら長州藩の諸隊を説得することまで約束したのである。

以上のように西郷の人生の歩みは、正しいと考えたことを実行に移すという「知行合一」を徹底していた。行わなかったら、それはまだ知ったということにはならないという陽明学の教えの生きた教科書のような人間だった。言い換えれば、答えを常に現場に求める生き方であった。

稲盛の考え方、生き方も同じくまさに西郷流の「知行合一」である。

たとえば、セラミックスの合成にしても、単純な製法は本に書いてある。しかし、その通りにやるだけですぐ思い通りのものができるわけではない。実際に現場で何回もやってみて経験してみて、だんだん真髄がわかってくるのだ。つまり知識に経験が加わって、初めて「できる」ようになる。稲盛は「知っていること」は「できる」ことではない、「知っているだけで、できるつもりになってはいけない」と述べるのである。

このように稲盛も西郷のように仕事においては常に現場に答えを求めているのである。

そして、次のように述べるのである。

「答えはつねに現場にある。しかしその答えを得るには、心情的には仕事に対する誰にも負けない強い情熱や、深い思い入れを持つことが必要である。そして物理的には、現場を素直な目でじっくりと観察してみる。じっと目を向け、耳を傾け、心を寄り添わせるうちに、私たちは初めて『製品が語りかけてくる声』を聞き、解決策を見いだすことができる、と。」

（『生き方』サンマーク出版）

過ちは改めればよい。くよくよせずに前に進め

気持まで弱ってしまうような、くよくよした心配をしても何もなりません。人生や仕事で起きる障害や問題に、感情や感性のレベルでとらわれても何も解決しないのです。苦しければ苦しいほど、理性を使うのです

稲盛和夫

過《あやま》ちを改《あらたむ》るに、自《みずか》ら過《あやま》ったことさえ思《おも》い付《つ》かば、それにて善《よ》し。其事《そのこと》をば棄《す》て顧《かえり》みず、直《ただち》に一歩《いっぽ》踏《ふ》み出《だ》すべし

西郷隆盛

行動を起こす人は、必ず何らかの失敗や過ちを起こす。行動すれば何らかの反応が起き、それは、よい結果ばかりであるはずはない。しかし、失敗を恐れることはない。より正しい方向を知るためにも、過ちや失敗は生きた教訓として役立つのである。

孔子も、「過ちを犯して、その過ちに気づいたのに改めないのが本当の過ちだ（衛霊公第十五）」と教えている。

西郷も行動の人、実践の人だから、多くの過ちを犯したであろう。しかし、西郷は素直に反省し改める人物でもある。

自らこう述べている。

「過ちを改めるにあたっては、自ら誤ったと思いついたら、それでいい。そのことをすぐに思い捨てて、ただちに一歩踏み出していくことだ。過ちを悔しく思ってその過ちをとりつくろおうと心配するのは、たとえば茶碗を割って、そのかけらを集めて合わせようとしているのと同じであり、まったく意味もないことである。」

（『南洲翁遺訓』二十七条）

仕事でも人生でも、よりよいものにしていくには、トライ・アンド・エラー、そして改善の連続で成功に近づけていくことが重要なのである。

人が成長できるか、大きく伸びていくかを左右する分かれ目が、この過ちに対する対応の仕方にあるといえる。

稲盛も、この西郷の教えを次のように理解している。

「勇気をもって自分の過ちを認め、改めていく。『自分が間違っていた。悪かった』といさぎよく反省したあとは、同じことをくり返すことのないよう注意して、次の一歩を踏み出していく。間違ったことをいつまでも悔い悩んでいることは、百害あって一利なし、先へ進めばよいと、西郷はいっているわけです。」

（『人生の王道』日経ＢＰ）

稲盛は、自分の日々の反省法の一つとして、次のような習慣を持っているという。

「私には変な習慣がありまして、朝、洗面所で鏡の前に立ち自分の顔を見ると、昨日の出来事が走馬灯のように浮かんでくるのです。ちょっと威張ったようなことや調子のいいことを言ったりしたのを思い出すと、猛烈な自己嫌悪に陥ってしまい、恥ずかしくなって、『神様、ごめん！』と思わず大声で言っているのです。

たまに『お母さん、ごめん』だったりもします。『神様、ありがとう』と言う時もあります。自分が悪かったことを気づかせてくれてありがとうという感謝の気持ちからです。時々、『ギャーッ！　神様』と叫んだりすることもあって、それが過去30年くらいの習慣になっています。いつの頃からか、私が自宅の洗面所にいる時は、家族の誰も入ってこようとしなくなりましたね。

これは、私流の〝反省法〟というようなものでしょうか。くよくよなどしている暇が少しもありませんでしたから、反省する気持ちを声に出して言うことで全部吐き出してしまう。そして、心にしかと刻みつけたなら、前へ進む。それが自然と習い性となっていたのです。」

（『人生の王道』日経BP）

そのうえで、稲盛自身、前にも紹介した、「六つの精進」を心がけているというのである。

もう一度、その「六つの精進」を確認しておきたい。

①誰にも負けない努力を日々続ける
②謙虚にしておごらず
③反省のある毎日を送る
④生きていることに感謝する
⑤善行、利他行を積む
⑥感覚、感性を伴うような悩み、心配ごとはしない

以上の「六つの精進」の中の⑥こそ、ここで論じてきた、西郷が本当に後進の人々に述べたいことなのである。

第四章

理想のリーダー

私心を持たない――無私の人を目指す

人を動かす原動力は、ただ一つ公平無私ということです。無私というのは、自分の利益を図る心がないということです。あるいは、自分の好みや情実で判断をしないということです

稲盛和夫

廟堂《びょうどう》に立《た》ちて大政《たいせい》を為《な》すは天道《てんどう》を行《おこな》うものなれば、些《いささか》とも私《わたくし》を挟《はさ》みては済《す》まぬものなり

西郷隆盛

社会的に役立つ大きな仕事を成し遂げている人ほど私心というものがなくなっていくというのは、歴史を見れば明らかである。幕末、明治維新において、私心の少ないリーダーが出たことは、日本にとって大変な幸運であったといえよう。

その代表的人物が、吉田松陰や、斉彬、西郷、大久保などである。この中でも特に西郷がまったく無私の人であったことについては、ほとんどの人が異論をはさまないにちがいない。

西郷自身も次のように述べている。

「政治の中心となって国政を行うことは天の道を行うことだから、少しも私心をはさんではならない。よく心を公平にして、正しい道を踏み、広く賢人を選び、よくその職を遂行させるのが天意に沿うことである。それゆえ、真に賢人と認められる人がいたならば、すぐに自分の職を譲るほどでなくてはいけないのだ」

（『南洲翁遺訓』一条）

この言葉は、『南洲翁遺訓』の最初のものである。それくらいに西郷が無私の心、私心を持たないことを重要視していたのがわかる。

西郷が「おてんとう様のような人」と尊敬した斉彬の信条が、「思無邪《しむじゃ》」であった。これは論語に出てくる言葉、「思《おも》い邪《よこしま》無《な》し」からのものである。意味するところは、リーダーの心がけとして「一切の私心を持たずに正しいと思うことを貫いていく」といったものである。

斉彬は異母弟の久光擁立派（お由良派とも、保守派ともいう）の反対運動で、藩主になったのが四十三歳と遅かった。藩主になる前には、斉彬を擁立する正義派（お為派）への大弾圧という悲劇も起きた（「お由良《ゆら》騒動」あるいは「高崎くずれ」と呼ばれている）。

斉彬が藩主になると、当然、久光擁立派の放逐そして正義派の復権を、西郷や大久保たち正義派の若手たちは期待したが、斉彬は「私心でもって政治をしてはいけない」と、公平に対処していった。

しかも、自らが病に倒れ、死を覚悟したときも、久光を呼び、次のように後事を託したのである。

「世子の哲丸は幼少のため、久光の長男を藩主として、哲丸を順養子とする。そして久光が二人を後見するように」と。

では、西郷の盟友・大久保はどうだったか。

大久保は、最後に対朝鮮政策などで西郷と強く対立し、ついには、西南戦争で西郷を死に追いやるという役柄を負った。したがって国民的英雄である西郷に同情的な後世の多くの日本人が大久保を悪くいうのは致し方ない面もある。福沢諭吉も、その一人である。『福翁自伝』の中でも、生麦事件の英国との交渉問題で決して表に出ず、用心深い大久保のことを暗に批判しているし、「西南の役」直後に書いた『明治十年丁丑《ひのとうし》公論』（発表は明治三十四年）もそうである。

しかし、大久保は自らの果たすべき立場、役割のために、私心は持たずに行動したのではないかと見ることもできる。西郷は理想の政治を求め、そのために一切私心は持たない。大久保は、現実の政治運営のための最善を選択していく。そこにはやはり私心はない。だから兄と慕ってきた西郷と衝突しても妥協はしなかった。

また、大久保を研究しつづけた佐々木克も「大久保は政治に私情を入れることのできない人間である。国家のためと決意したら『確固として動かない』人間であると、三条実美と岩倉具視《ともみ》が大久保を評したが、それは私情や利害で動いたり妥協したりする人物ではない。信頼できる、国家を任せられる人物である、ということを述べていたのであった」と書いている（『大久保利通と明治維新』吉川弘文館）。

稲盛は、子供のころより敬愛する西郷の『南洲翁遺訓』の第一条の初めの文を読んだ三十代後半のとき、「身震いさえ」覚え、まるで西郷に背中を押してもらったかのようだったとして、次のように述べている。

「トップに立つ人間には、いささかの私心も許されないのです。基本的に個人という立場はあり得ないのです。トップの『私心』が露わになったとき、組織はダメになってしまうのです。

常に会社に思いを馳せることができるような人、いわば自己犠牲を厭わないでできるような人でなければ、トップになってはならないということを、西郷の教えにより、私は確信するようになりましたし、その後は一切迷うことなく、自分の人生のすべてを経営にかけることができました。」

（『人生の王道』日経ＢＰ）

それは、ちょうど京セラが上場を果たしたものの悩みも多かったころだという。

こうして、さらに会社の後継者選びにおいても、西郷が説くように私心なく公平にふるまい、正しい道を進むために、自分の血縁者に後を継がせないことも固く心に誓ったのである。

また、すでに述べたように、西郷に似て本来的には情に厚すぎるところもあるので、大久保に学んで、「私情や利害で動いたり妥協したりする」ことはないように、常に自分を強く戒めて会社の経営に打ち込んできたのである。

リーダーの選び方

無私の心を持っているリーダーならば、部下はついていきます。逆に、自己中心的で私欲がチラチラ見える人には嫌悪感が先立ち、ついていきかねるはずです

稲盛和夫

何程《なにほど》国家《こつか》に勲労《くんろう》有《あ》る共《とも》、其職《そのしよく》に任《まか》せぬ人《ひと》を官職《かんしよく》を以《もつ》て賞《しよう》するは善《よ》からぬことの第一《だいいち》なり

西郷隆盛

西郷は生まれながらのリーダーではなかった。もちろん下加治屋町の郷中の中においてはリーダー的役割を果たしたであろうが、藩の中での身分は低かった。それなのになぜ、彼はあれほど慕われたのだろうか。

それは一言でいうと、人物の大きさや、徳の人としての潜在的資質があったためである。またいかにすぐれたリーダーの資質があっても、その人物を見抜いて育ててくれるトップが必要だ。西郷の場合は藩主・斉彬が資質を見抜き起用し、斉彬の才智と公平無私な姿をそばで学ぶことができたのだった。

こうしてみると、リーダーの資質としては、徳のある人であり、向上心があって、しかも素直に他人からよいところを吸収していける人間であることが求められるのがわかる。

リーダー選びで最も難しいのが、功ある人の処遇であろう。なぜなら、功績のある人のおかげで今があるともいえるからである。この点について西郷は次のように注意する。

「いかに国家に功績があったとしても、その職にふさわしくない者に職を与えて賞することはよくないことの第一である。官職はそのふさわしい人物を選んで与え、功績ある者には賞金を与えて、その功をほめるべきである」

（『南洲翁遺訓』一条）

功績のある人には賞金で評価し、リーダーは、その地位にふさわしい人を選べというのである。リーダーたる人の条件としては、これまでに述べたように、まず第一に無私の人、言い換えれば徳の大きい人である。無私や徳の中にはもちろん他人への大きな愛と思いやり、すなわち仁の心も含まれる。西郷のいう「敬天愛人」といってもよいだろう。

第二に、向上心があって他人に（あるときは部下からも）学べる素直さがあることで、第三としては、西郷がそうであったように、正しいことをやるという勇気そして自己犠牲を払う勇気があるということだろう。稲盛は次のように説明する。

「リーダーは、自己犠牲を払う勇気をもっていなければなりません。

集団として何かをなさんとすれば、必ずそのためのエネルギーが必要です。つまり代償が必要なわけですが、それはリーダーが率先して払うべきものです。

リーダー自らが、自己犠牲を払う勇気を示すことによって、部下をして信頼せしめ、奮い立たせるのです。」

（『心を高める、経営を伸ばす』ＰＨＰ研究所）

先に、「正しいことをやるという勇気」のことに触れたが、稲盛は、これに関連して、リーダーは「決して卑怯であってはいけません」と述べる。すなわち「リーダーの卑怯な振舞いは、不正な行為を容認することになり、集団に混乱を引き起こします。また、部下の信頼と尊敬を失い、職場に欺瞞とモラルの低下をもたらします」（『心を高める、経営を伸ばす』ＰＨＰ研究所）という。西郷がくり返し学んだ佐藤一斎の『言志四録』にも、次のような教えがある。

「暗いところにいる者は、明るいところをよく見ることができるが、明るいところにいる者は暗いところを見ることはできない」

（『南洲手抄言志録』二十七条）

リーダーの行動はよくも悪くもすべて部下には見えている。リーダーを選ぶときはこの項目で解説した点によく注意していくべきだ。

適材適所

人には必ず長所、短所があるため、足りなかったり、欠落しているところを絶えず観察して、フォローしていきます。その人の短所は自ら補強するか、別の人間を補助に置くことによって補うのです。もちろん、欠落している部分を本人に指摘し、鍛え上げることも忘れてはなりません

稲盛和夫

世上《せじょう》一般《いっぱん》十に、七、八は小人《しょうじん》なれば、能《よ》く小人《しょうじん》の情《じょう》を察《さっ》し、其長所《そのちょうしょ》を取《と》り、之《これ》を小職《しょうしょく》に用《もち》い、其才芸《そのさいげい》を尽《つ》くさしむなり

西郷隆盛

先にリーダーの備えるべき資質やリーダーの選び方を見てきたが、さらにリーダーのやるべきこととして、人材を適材適所で活用しなければならないということがある。

もちろん、人は才能を見出し育てていくものではある。ただ、まだ成長できていない人材でもその人のレベルに応じて活躍させないと組織の力が弱まることになるので注意する必要がある。

西郷も次のようにいう。

「人材を採用するときに、君子（立派な人物）と小人《しょうじん》（君子になれない俗な人物）の識別を厳しくしすぎるとかえって害を引き起こすものである。人の歴史が始まって以来、世の中の十人のうち七、八人は小人であると思われるが、この小人の心と能力を思いはかって、その長所を取り上げて生かし、これに合った重くない職につけて、その才能と技能を発揮させるべきである。」

（『南洲翁遺訓』六条）

このことについては、西郷は、二人の師からもよく教わっていた。

その一人である藤田東湖は「私欲の強い小人をリーダーにすると必ず組織はひっくり返るから、絶対にそれはいけないが、小人にはその人に備わった才能や技能があるものだから、それに応じて活用せよ」と説いた。

小人というのは、目先の私欲にばかりまどわされるような人であり、君子というのは、徳を修め、私欲を少なくし、社会のために動ける人格者をさす。リーダーにふさわしい人物のことである。

他方、西郷の尊敬した斉彬は、酒ぐせの悪い人の例を挙げながら、「人は誰でも一能一芸、すなわち何かの才能、何かの技能を持っているものである。酒ぐせの悪さでそのすぐれた技能を捨てさせるのはもったいない。教え諭せば、酒ぐせの悪いのが直ることもあるだろう。人の上に立つ人はこのような『自分も他の人も一能一芸を以て奉公しているという心得』を持っていなければならない」と述べている。

斉彬は、酒ぐせが悪いことを少しもよいとは思っていないはずであるが、多くの人材を生かし、国力を伸ばすには欠点ばかりを見てはいけないと考えたのである。長所を見つつ、適材適所で人を生かし、その中で教育し、酒ぐせの悪さなどを直していこうと述べているのである。

稲盛も、西郷はさすがに真理に通じるとともに、人間の機微にも通じていたからこその言葉であることを評価したうえ、次のようにいう。

「私は、組織をつくるのは、城を築くようなものだと考えています。
素晴らしい城をつくろうとすれば、まず、しっかりした石垣を組まなければなりません。しかし、巨石つまり優秀な人材だけでは石垣は組めません。巨石と巨石のあいだを埋める小さな石が必要になるのです。要所要所に巨石の間隙を埋めるような小さな石がなければ、石垣は脆く、衝撃があればすぐに崩れてしまいます。
つまり、巨石として優秀で功を立ててくれるような人材には、巨石と巨石のあいだを埋める貴重な石として働いてもらうべきなのです。小さいけれどイブシ銀の働きをする小さな石を捨て去ってはいけません。縁の下の力持ちのような古い人たちが残ってくれてはじめて会社は強くなるのです。」

（『人生の王道』日経ＢＰ）

率先垂範

私は、才能というものは、集団を幸福へと導くため、天が人間の世界に一定の割合で与えてくれた資質だと思っています。そのため、たまたま才能を授かった者は、それを世のため、社会のため、集団のために使うべきであって、自分のために使ってはならないと考えています

稲盛和夫

万民《ばんみん》の上《うえ》に位《い》する者《もの》、己《おの》れを慎《つつし》み、品行《ひんこう》を正《ただ》しくし、驕奢《きょうしゃ》を戒《いまし》め、節倹《せっけん》を勤《つと》め、職事《しょくじ》に勤労《きんろう》して人民《じんみん》の標準《ひょうじゅん》となり、下民《かみん》其《そ》の勤労《きんろう》を気《き》の毒《どく》に思《おも》う様《よう》ならでは、政令《せいれい》は行《おこな》われ難《がた》し

西郷隆盛

西郷と大久保は、いずれも無私の人であり、リーダーとしての資質が優れていたのはすでに解説した。

しかし、人望でもって多くの人が「この人なら」とついていくのが西郷であり、大久保は、組織を束ねたうえでの権力の強さ、冷徹さ、賢さ、そして不屈の精神力を持った粘り強い性格などに「敵わない」という意味で人が従ったところがある。

西郷は、自らを犠牲にして、いつも皆の陣頭に立つ。命もいらない、名もいらない、金も地位もいらないし、もちろんぜいたくな暮らしなど最も嫌っていた。

この率先垂範《そっせんすいはん》というところが、誰もが従い、ついていく理由だった。それに加えて他人を思いやる心、人を愛する心が強いのだからたまらない。

リーダーのあり方としては西郷のように率先垂範型と、大久保のように戦略・戦術を背後から練り、指示を与えるのが向いているという型の二つがあるようだ。

明治のジャーナリスト・池辺三山《さんざん》らは、西郷を「暴力兵力」「力の権化」のリーダーのようにいったが、それは、その後の禁門の変から戊辰戦争までのリーダーとしての率先垂範に、下級武士を中心にして編成された軍が西郷を尊敬し、従っていった結果である。

西郷自身は大村益次郎のように軍事の専門家ではなく、あくまでも農政の実務家であり、その後は藩主・島津斉彬の側近として各方面の交渉役を務めた。そして、会う人会う人をその人徳でファンにしていったのである。

後に西郷は、リーダーの心得を次のように述べている。

「国民の上に立って政治を行う者は、自分をよく慎んで、品行を正しくし、驕ってぜいたくになることを戒め、倹約し、職務を勤勉に勤め、国民の模範となり、それを見て国民が気の毒に思うようでなければ政治はうまく行われないだろう」

（『南洲翁遺訓』四条）

この意味について稲盛は次のように解説する。

「つまるところ、『上に立つ者は率先垂範せよ』ということを西郷はいっているわけです。経営者は後ろ姿で社員を教育するという言葉をよく聞いたりしますが、上に立つ者は、心を乱したり、卑しくなったり、怠惰になったりしてはいけないのです。自分の行いを正しくして、贅沢を戒め、社員の手本になる。何よりも、一生懸命に努力し、社員がその働きぶりをみて気の毒に思うようでなければ、トップの指示は徹底されず、会社の仕事もうまくいかないのだというわけです。」

（『人生の王道』日経ＢＰ）

稲盛は、陣頭で指揮をとるリーダーと後方で戦略・戦術を練り、指示するリーダーのどちらが正しいかを考えたとき、子どものころに読んだ西郷の従弟で、陸軍の元帥だった大山巌の偉人伝のエピソードを思い出したという。

大山は日露戦争で旅順攻略戦の総司令官を務めた人物である。激戦で多数の死傷者を出した二〇三高地のはるか後方にいた大山は、遠くに聞こえる砲撃の音を聞いて、部下にたずねたという。「今日はどこで戦をしているんだろう」と。

偉人伝では、このような大山の豪胆さや人間の大きさをほめていたが、稲盛は子ども心に「けしからん」と思ったという。どうして自ら最前線に行って自分の目で確かめて、作戦を立てないのか、と。これは稲盛の人間性、性格を知るうえで興味深い話だ。

ほとんどの本では、大山のすべてを知っていながら知らんふりをして部下がやりやすいようにしたリーダーとしての懐の深さをほめているが、稲盛少年は自分で考えて納得できないものは納得できないとした。後に新しい技術の開発や町工場の会社を世界的企業に育てていく人間の素地がここにあったようだ。

このようにして稲盛は、自分は、「最前線に出ていこう」と決めたのである。まさに西郷のような率先垂範型リーダーとなろうというのであった。

そして、次のように論ずる。

「もちろん、企業のトップである以上、戦略戦術を考えることも必要です。ですから、あるときは前線に出て兵と苦楽をともにし、あるときは後方の陣地に取って返して作戦を練る。そうやって前線と後方を行き来しながら指揮を執るのが、素晴らしいリーダーではないかと思いました。

そのように誰よりも努力し、苦労している社長の姿を見て、従業員が気の毒に思い、奮い立つくらいでなければ、会社経営をうまく進めていくのは難しいと西郷はいっているわけです。理屈ではなく、実際の現場で従業員の信頼を獲得し、リーダーシップを確立するうえで、この西郷の言葉はたいへん大事なことだと思います。」

（『人生の王道』日経ＢＰ）

資産、財産は社会からの預り物

私が、特に京都賞について誇らしく思うのは、受賞者の偉大な業績を讃えることは無論のことながら、その業績を成し遂げた人の人格にも目を向けている点である

稲盛和夫

一家《いっか》の遺事《いじ》人《ひと》知《し》るや否《いな》や。児孫《じそん》のために美田《びでん》を買《か》わず

西郷隆盛

稲盛と西郷の生き方の共通点の多くをこれまで見てきたが、さらに、資産や財産についてのとらえ方、考え方もかなり共通していることに驚く。

西郷も、稲盛も、個人の資産、財産を増やそうと思えばいくらでも増やせたのに、そうはしない。

なぜなら「資産、財産というのは、天あるいは社会からの預り物なのだ」という見方をしているからだ。

西郷の有名な言葉がある。例の「幾たびか辛酸を歴て、志始めて堅し」に始まる七言絶句の最後の言葉である。

「私が自分の家に遺している教えを知っているだろうか。それは、『子孫のために美田を買わず、財産を残さない』ということだ。」

（『南洲翁遺訓』五条）

この七言絶句は、庄内藩家老の菅実秀《すげさねひで》に書いて与えたものである。

菅は、西郷と同じく下級武士から異例の抜擢によって家老の地位に就いた。長岡藩の河井継之助《つぎのすけ》と並び称される優れた家老であった。

荘内藩は、会津藩が京都の取締りを役目としていたのに対し、江戸市中の取締りを担当していた。ちょうど政局は、薩長を中心とした倒幕派と、大政奉還した後も政治運営においては主導権を握ろうとする徳川慶喜《よしのぶ》を中心とする勢力との、つばぜり合いが行われていた。

この状況を一気にくつがえし、倒幕戦のきっかけとなった鳥羽・伏見の戦を呼び起こしたのが、西郷の作戦といわれる江戸市中の騒乱であった。ついに、庄内藩を中心とする幕府側は、一八六七（慶応三）年十二月二十五日、騒乱の元凶である薩摩藩邸を焼き討ちしてしまったのである。この知らせが大阪城に待機する幕府側の将兵に入り、城中一万の兵が断固薩摩を討つべしと熱狂したのである。もはや慶喜もこの勢いを抑えることができず、ついに戦いは始まった。

こうした深い因縁の中、官軍は会津を始めとする東北の佐幕勢力を平定していくことになったが、庄内藩も菅の指揮下でよく戦い、官軍を大いに苦しめた。

しかし、ついに降伏し、庄内藩士たちは残酷な厳罰を覚悟した。が、実際には藩主・酒井忠篤《ただずみ》は切腹どころか官軍の代表の黒田清隆《きよたか》との面談においても上座にすえられ、帯刀も許され、家臣も自宅謹慎だけという寛大にすぎるほどの対応であった。

こうした処遇に驚いた菅が黒田清隆にお礼をいうと、これはすべて西郷の指示によるものだと打ち明かされた。西郷は「庄内藩は、幕府の譜代であった、幕府のために最後まで徹底的に戦ったのは立派ではないか」と述べていたという。

西郷に感謝してやまない旧庄内藩は、藩主だった酒井自らが旧藩士七十余名をひきつれて、兵学修行に鹿児島へやってきた。その後も、何度か庄内藩の藩士たちが西郷を訪ね、教えを受け続けた。

ところが西南戦争によって西郷は国賊とされ、西郷を篤く慕った庄内藩の人たちにとっても厳しい時代が続いた。西郷はついには自決するが、後に一八八九（明治二十二）年の憲法発布において、賊名を除かれ、名誉が回復された。

その際、菅が指示を与え、西郷に学んだ旧庄内藩の人たちから教わったことを書き出させ、まとめあげたのが『南洲翁遺訓』なのである。いわば、西郷版『論語』といえるものである。

菅が西郷を評して次のようにいったという。

「西郷隆盛という人物を信じて学んでこそ、堯《ぎょう》、舜《しゅん》、孔子の道徳を本当によく理解できるであろう」
それほどの理想に近い徳の備わった人ということである。
ところで論語に次のような教えがある。

「人が生まれたり死んだりすることは天命で決まっていて、富や地位を得ることも天からの預りものである。」

（『論語』より顔淵第十二）

これは、西郷の「児孫のために美田を買わず」に通じる教えである。
西郷は、菅がいうように、論語の目指す人としての生き方を、身をもって示した人なのであろう。まさに仁の人、徳の人である。お金や地位に何のこだわりもなく、ただ世のため、人のためにという人であった。
そういえば、『南洲翁遺訓』に次のような文章がある。

「あるとき南洲翁につき従って犬を走らせ兎を追い、山や谷を渡り歩き、一日中狩りをして暮らした。そして田舎の一軒家に泊って、湯に入り、身も心もとても爽快になったご様子のとき、南洲翁は悠然と言われた。『君子の心はいつもこのようなものであろう』。」

（『南洲翁遺訓』四十条）

論語においても、孔子がユニークなことを述べている箇所がある。論語の中では最も長い文章として知られているところだが、弟子たちにそれぞれの夢や人生の目標を語らせ、評論するのである。政治や地位についての話が多い中で、曾晳《そうせき》だけが次のように述べた。「晩春のちょうどよい季節に、新しく仕立てた衣服に着がえ、五、六人の若い者や、六、七人の少年たちを連れて沂《き》にある温泉に入浴し、舞雩《ぶう》の雨乞い台でひと涼みして、歌を口ずさみながら帰ってきたいと思います」と。

これを聞いた孔子は深いため息をつきながら「私も點《てん》（曾晳）の仲間入りがしたい」といったのである（『論語』より先進第十一）。

孔子も政治の理想を追い、聖人といわれるほどに徳を修め、多くの辛酸をなめた人生を送った。財産や地位に少しも執着せず、人間としての正しい生き方を優先した。孔子と西郷の生き方と人格はかなりのところが重なるといえるのではないか。

稲盛も同じく、「財産を自分のものでなく社会から預かったものだ」（『稲盛和夫のガキの自叙伝』日本経済新聞出版社）と考えるようになった。

そのきっかけは一九八一（昭和五十六）年に、東京理科大の伴五紀《ばんいつき》教授が技術開発で貢献のあった人を顕彰する「伴記念賞」を自らがもらったときである。「世のため人のために尽くす」という稲盛の人生観からしても、今度は資産家となった自分が、社会へ恩返しをするべきだと思うようになったのである。

こうして生まれたのが稲盛財団であり、「京都賞」である。基金として稲盛が所有していた京セラの株と現金二〇〇億円（現在は約六四〇億円）を拠出している。

この京都賞は、対象が先端技術、基礎科学、精神科学・表現芸術（現在では思想・芸術）の三部門である。稲盛は京都賞を受賞される資格者として「謙虚にして人一倍の努力を払い、道を極める努力をし、己を知り、そのため偉大なものに対し敬虔なる心を持ち合わせる人だ。さらに業績が、世界の文明、科学、精神的深化のために大きく貢献した人である」としている（『稲盛和夫のガキの自叙伝』日本経済新聞出版社）。

なお稲盛は、自分の子孫のための蓄財をしないと考えるだけでなく、事業の後継者を選ぶときも、世襲を拒否する考えを持っており、次のように述べている。

「私の場合は、娘が3人でたまたま男の子がいなかった。世襲という誘惑に駆られることがなかったのは幸いだったかもしれません。よしんば息子がいたとしても、婿を取ったとしても、その魂は私とは全くの別物なわけです。
　敗戦という辛苦と貧乏を味わい、受験に失敗、就職した会社を辞めた末、恩人に出会い会社を作っていただいた。夜も寝ないで頑張って、辛酸を舐めるような苦労を重ねて、会社を大きくしてきた。そんな苦労少しも経験していないのに、子供かわいさ、創業家大事さのあまりに世襲に走っても、うまくいく道理がないのです。」

（『日経ビジネス』２００５年10月10日号）

　稲盛は、人の才能というもの自体も、集団を幸福へと導くために天が与えたものだとの考えを持っている。だからこそ、その才能を世のため人のために使い、そしてその結果手にした資産や財産も、社会のために還元していくべきだと考えるのである。まさに孔子、西郷と同じ考え方であるといってよいだろう。
　これが天を敬い、人を愛するという「敬天愛人」の生き方なのである。

為政者のあり方

いうまでもなく行政制度や官僚機構は国民の幸福のためにある。大衆が暮らしやすい国を築き上げるためのものだ。今こそ基本に立ち返ってほしい。

稲盛和夫

古《いにしえ》より君臣共《くんしんとも》に己《おの》れを足《た》れりとする世《よ》に、治功《ちこう》の上《あが》りたるはあらず

西郷隆盛

西郷は、斉彬に抜擢されるまでは、年貢のとり立てを監視する下級官吏であった。さらに斉彬の手足となって働き出してからは、為政者《いせいしゃ》たちとも交流した。ゆえに政治家、官僚の陥りやすい性質や、そのあるべき姿など考えることが多かった。

西郷が理想とした為政者の姿は、〝仁政〟に尽くす姿だ。国民の声をよく聞き、とり入れるべきは迷うことなく採用していくというものである。以上を踏まえて、次のようにいう。

「昔から君主と臣下がともに自分は完全だと思って政治をしている世は、うまく治まるものではない。自分はまだ足りないところがあると思っているからこそ、下々の言うことも聞き入れられるものである。自分が完全だと思っているときは、人が自分の欠点やまちがいを指摘するとすぐに怒ってしまうから、賢い人や立派な人格者である君子はこういう人を助けないのである。」

（『南洲翁遺訓』十九条）

しかし、実際に権力を握る現実の官吏というのは、歴史的に多くが自分の役得や為政者の都合のために動くものである。西郷自身、そのような官吏たちを批判し、人々のために戦ってきたりもした。税の徴収に関して次のように警告している。

「過去の歴史上の事実をよく見るがいい。道理が明らかでない世において、財政が不足して苦しくなると、必ず心の曲がった小ざかしい俗吏を用いて、巧みに厳しい税を取り立てさせ、一時の不足を補うような者を理財にすぐれた良い役人とほめたのである。こうした役人は、いろいろな手段をもって苛酷に国民を苦しめるものであるから、国民は苦しみに耐えかねて、厳しい税を免れようとして、おのずから悪賢くなって、お上も国民もお互いにごまかしあい、騙し合い、官民が敵となって、ついには国が分裂、崩壊するようになっていくのである。」

（『南洲翁遺訓』十三条）

なお、論語にも税制について次のような教えがあるが、斉彬もこの教えを尊重せよと述べていた。当然、西郷も「その通りだ」と理解していたはずである。

「魯《ろ》の哀公《あいこう》が有若《ゆうじゃく》に向かってたずねた。本年は凶作のため費用が足りないが、どうしたらよいだろうか。有若は答えて言った。税を十分の一にする徹の税法を用いたらよいと思います。哀公は言った。十分の二の税でも足りないのに、どうして十分の一の税が採用できようか。有若は答えて言った。国民が豊かになったら君主も豊かになるはずです。国民が豊かなのに君主は誰とともに窮乏するのでしょうか。国民が貧しいのに君主が誰とともに豊かになれるのでしょうか。」

（『論語』より顔淵第十二）

稲盛も西郷と同じくこのように述べている。

「国家公務員とは国家に対するサーバントではなく、あくまでも国民に対するサーバントであるべきなのです。行政官は、法案や制度の整備、運用にあたっても『国民にとってよいことかどうか』という唯一の基準に従って仕事を進めなくてはなりません。」

（『人生の王道』日経ＢＰ）

稲盛は、自ら行革審（第三次臨時行政改革推進審議会）の「世界の中の日本」部会長を務めた経験から、次のような官僚の体質を知った。

「日本の官僚には、自分たちがこの国を支えている、自分たち以外に国のことを真剣に考えている者はいない、という自負があるようだ。だから、彼らからすれば民が官に口をはさむことは許さない。これではただの中央集権ではない。官の官による官のための行政だ。いってみれば『官主主義』である。欧米の民主主義とはまったく違うし、主権在民はどこへいってしまったのかと思う。」

（『稲盛和夫のガキの自叙伝』日本経済新聞出版社）

これに関し、明治の時代においても、福沢諭吉が日本の官僚の問題を指摘し、これを変えていくには、国民自身も気風、スピリット（精神・特質）を変える努力をし、自主独立の風を育てていかなければならないといっているのも参考になる。

「個人としては智者であり、政府にいるときには愚者となる。一人のときは立派な人物で、集団になると暗愚となる。つまり、政府とは多くの智者が集まり、一つの愚政を実施するところというべきである。いかにもおかしなことである。

これこそが先に述べた気風というものである。人は気風に支配されていて、自分個人の本来の力量を発揮できなくなる。明治維新以来、政府において学術、法律、経済・経営などを活発に進めていこうとしても、効果が上がっていないのも、その原因はこうした気風にある。」


（『学問のすすめ』より）


こうして福沢は民間がしっかりとし、事業を伸ばす中で国民の気風をよくし、それをもって官吏の気風も変えていくべきだというのだ。

稲盛も福沢諭吉のいう実業人として必要な次のような内容の四条を常に心して読んでいるという。

「思想ノ深遠ナルハ哲学者ノ如クニシテ、心術ノ高尚正直ナルハ元禄武士ノ如クシテ、コレニ加フルニ小俗吏ノ才ヲ以テシ、更ニコレニ加フルニ土百姓ノ身体ヲ以テシテ、初メテ実業社会ノ大人タルベシ」というものである。

第一に哲学者が持つような深遠なる思想をもたなければいけない。
第二に、元禄武士が持っていたような美しく気高い心がなければいけない。
第三に、小俗吏の才（気の利いた悪賢い才覚）を持っていなければならない。
第四に、農民のような「頑強さと粘りの意志」がなければならない。
ということである。稲盛は、さらにこう述べる。

「内容も得心がゆくのですが、この順番がまたふるっていると思います。第一に哲学者がもつぐらいの深遠な思想をもたなければいけないということ、二番目が心根が必要だということ、三番目が才覚で、最後に頑張らなければいけない、というのですから。私は、福沢諭吉を偉い男だと思います。」

（『哲学への回帰』ＰＨＰ研究所）

このように権力を持つ者の心のあり方を国民のためにと変えていくこと、と同時に民間、実業人も自主独立の気風をさらに盛り上げていくということは、今も必要であることに変わりないというべきであろう。

第五章

目指すべき「生き方」

great person
KAZUO INAMORI

生きる意味

現世とは心を高めるために与えられた期間であり、魂を磨くための修養の場である。人間の生きる意味や人生の価値は心を高め、魂を練磨することにある

稲盛和夫

天下《てんか》後世《こうせい》迄《まで》も信仰《しんこう》悦服《えつふく》せらるるものは、ただ是《これ》一箇《いっこ》の真誠《しんせい》なり

西郷隆盛

私たち一人ひとりの生きる意味や目的は、どこにあるのだろうか。

これについて、西郷はどう考えたであろうか。

おそらく、その波乱万丈な人生の中で、当初の西郷の考えとは大きく変わっていったであろう。

初めはとにかく仕えていた斉彬のため、斉彬率いる薩摩藩のために役立つということ（それが薩摩の人々、ひいては日本国のためになると考えた）に自分の人生のすべてを賭けていた。

しかし、斉彬死後の薩摩藩の最高権力者・久光と折り合うことができず、死刑にも近い島での牢生活で、座禅を組み、思索し、古典を読み続けているうちに、真の自分の生きる意味を見出し始めたのだと私は考える。

もう死んだも同然の身である、これからの人生は、今まで以上に天の考える正しい道のために、そして、ただ世のため人のためになることを考えて、生きていくのだと強く考えるようになっていったにちがいない。

西郷が沖永良部島に流されているときに作った「獄中有感」という漢詩が伝えられている。次のようなものである。

朝《あした》に恩遇《おんぐう》を蒙《こうむ》り夕《ゆうべ》に焚抗《ふんこう》せられる
人生《じんせい》の浮沈晦明《ふちんかいめい》に似《に》たり
縦《たと》い光《ひかり》を回《めぐ》らさざるも葵《あおい》は日《ひ》に向《むか》い
若《も》し運《うん》を開《ひら》くなくとも意《い》は誠《まこと》を推《お》す
洛陽《らくよう》の知己《ちき》皆鬼《みなき》となり
南嶼《なんしょ》の浮囚《ふしょ》ひとり生《せい》を竊《ぬす》む
生死《せいし》何《なん》ぞ疑《うたが》わん天《てん》の賦与《ふよ》なるを
願《ねが》わくは魂魄《こんぱく》を留《とど》めて皇城《こうじょう》を護《まも》らん

（朝に恩遇を受けたと思えば、夕にもうとがめられて牢に入っている
人生の浮き沈みというのは、昼の明るさと夜の暗闇のようなものだ
もし、光がささなくても葵の花のように徳川の世は自ら日に向かう
これからの人生、運が開けようが開かれまいが、私の誠の心は決して変わりはしない
ああ、都の同志たちは皆死んでしまった
南の島の囚人である私一人が生きながらえてしまっている

人の生死が天命であることを誰が疑うものであろうか
私はたとえ死のうとも魂を天地に留めて、天皇の住まわれる城そして日本を必ず護《まも》って
みせるだろう）

西郷の心境が真に迫って感じられる詩である。

西郷は、もともと私欲の少ない人間だったのが、ますます、私心をなくし、わが身を世のため人のために捧げたいと考えるようになっていった。

先の詩にあるように、もはや幕府や藩主ではなく、天皇および、その下にいる日本の人々のために、魂を磨き捧げたいと強く考え始めたのである。

西郷が沖永良部島でくり返し愛読した佐藤一斎の『言志四録』の中から自らが選んだ一〇一カ条がある。その一から四までを見てみると興味深い。やはり、自分の「生きる意味」の参考としたものと推察される。次のようなものである。

一、遊び怠けている人を見て、ゆったりとして心が広い人だと見誤ってはいけない。他人に厳しく叱る人を見て、正直で偽りのない人と思ってはいけない。私利私欲のた

めにがんばっている人を見て、志の実現に向かっていると思ってはいけない。

二、名誉や不名誉、あるいは成功や失敗というものは、人生における雲や霧のようなものである。しかし、これらが人の心を暗くし、迷わせてしまうのである。だからこの雲や霧を心から払いのけてしまえば、天は青く、日は白く輝くように、人生も真に明るいものとなるのである。

三、中国の歴史上、理想の政治を行ったとされる堯と舜は、結局、人の情に精通していたと言うことができる。極言すれば、宇宙の万物を一体とさせているものは、この情を推し拡げたものにほかならないのだ。

四、すべて事を成そうとしていくときには、天に仕えるのだという心を持つことが大事である。人に見せつけたいというような気持ちがあってはいけない。

（『言志四録』三条、二一〇条、二一六条、二五一条より）

四番目に選んだものは、『南洲翁遺訓』の「人を相手にせず、天を相手にせよ。天を相手にして、自分の誠を尽し、うまくいかなくても人をとがめず、自分の誠の足りなかったことを省みよう」（二十五条）にも通じる言葉となっている。

西郷は、ほかにも「すべて事の大小に関係なく、正道を踏んで至誠をつくしていく」(『南洲翁遺訓』七条)、「忠孝、仁愛、教化の道は、国の政治の大きな本となるものであって、万世にわたり、宇宙のどこにおいても変わらない大事な道である」(『南洲翁遺訓』九条)、「道は天地自然の正しい道理であるから、学んでいくには敬天愛人を目的とし、自己修養は自分に克つということをいつも心がけなければならない」(『南洲翁遺訓』二十一条)と述べ、そして「敬天愛人」を自分の生きる意味としてまとめあげた。

「人の生きる正しい道は天地自然のものであって、人はこれを行うものであるから、天を敬うことを目的とすべきである。天は人も自分も同じように愛し給うから、自分を愛する心をもって人を愛するのである。」

(『南洲翁遺訓』二十四条)

こうして、天の下で世のため人のために生き、そして天を敬いながら正しい生き方をし、魂を輝かせ、そしていずれ天に召されていくことをこの世に生まれた「生きる意味」としたのである。これを一言で表すと「敬天愛人」ということになる。

では、稲盛は「生きる意味」をどうとらえるのか。

それは、「心を高めること、魂を磨くこと」にあるという。

人が生まれてこの世で人生を送って、死を迎えたとき、滅びないものは、ただ「魂」である。だから「この世に何をしにきたのか」と問われると、次のように答えるという。

「私は迷いもてらいもなく、生まれたときより少しでもましな人間になる、すなわちわずかなりとも美しく崇高な魂をもって死んでいくためだと答えます。

俗世間に生き、さまざまな苦楽を味わい、幸不幸の波に洗われながらも、やがて息絶えるその日まで、倦まず弛まず一生懸命生きていく。そのプロセスそのものを磨き砂として、おのれの人間性を高め、精神を修養し、この世にやってきたときよりも高い次元の魂をもってこの世を去っていく。私はこのことより他に、人間が生きる目的はないと思うのです。」

(『生き方』サンマーク出版)

これ以外に、「自然や宇宙が私たちに生を授けた目的はない」というのだ。これに続け

て述べて、

「したがって、その大目的の前では、この世で築いた財産、名誉、地位などは、いかほどの意味もありません。いくら出世しようが、事業が成功しようが、一生かかっても使い切れないほどの富を築こうが、心を高めることの大切さに比せば、いっさいは塵芥のごとき些細なものでしかないのです。

宇宙の意志が意図し定めた、人間という生命が最終的にめざすべきものは、ただ心の鍛錬にあり、その魂の修行、試練の場として、私たちの人生が与えられているということなのです。」

（『生き方』サンマーク出版）

こうしてみると、稲盛と西郷の「生きる意味」は、いずれも、「自分を高めて世のため、人のために生きて、自分の魂を磨き、輝かせていくこと」にあるといってよいだろう。そして、それは一言で表せば、やはり「敬天愛人」ということになるだろう。

人生の試練

偉大なこともなした人で、若いときを含めて、苦難を経験していない人は皆無といってよいはずです。想像を絶するような難儀、難渋を乗り越えた人が、結果として偉大なことをなすのです

稲盛和夫

若《も》し艱難《かんなん》に逢《あ》って之《これ》を凌《しの》がんとならば、弥々《ますます》道《みち》を行《おこな》い道《みち》を楽《たの》しむべし

西郷隆盛

私たちの人生の意味、すなわち生きる意味は世のため人のために生きることで、心を高め魂を磨き輝かせることであるということがわかった。そして、それが「敬天愛人」の生き方でもあることを学んだ。

ではその人生において、なぜ苦難や試練が与えられるのだろうか。

それは当然、魂を磨くために有意義だから、ということにほかならない。

西郷は第三章でも紹介した七言絶句で次のようにいう。

「幾たびか辛酸を歴て、志始めて堅し」
（人は何度も辛酸を経験してから初めてその志が固まってくるのだ）

（『南洲翁遺訓』五条）

志とは、「世のため、人のために自分を生かすぞ、そのために自分を成長させるぞという決意、覚悟」のことで、それは『生きる意味』を本物にしていく決意、覚悟」ともいえるが、これらはただ口に出していうだけ、心に思うだけでは、まだ本物とはなれないのだ。何度も何度もつらい試練を乗り越えてこそ、不動のものとなることができるのだといううことである。
さらに西郷は次のように述べる。

「正しい道を歩き、そして行う者は、必ず困難や苦しみに出合うものだ。ただひらすら正しい道を行い、その道を楽しみ、もし艱難に出合おうとも、これを乗り越えていくぞと覚悟したならば、いよいよ正しい道を行い、そのことを楽しむべきである。」

（『南洲翁遺訓』二十九条）

「正しい道」とは、天の道理の下に、世のため、人のために役立つ生き方をすることだといってよいだろう。
西郷は、正しい道を歩けば、必ず困難や苦しみに出会うが、それを何とか乗り越えていくことを楽しみとするほどに覚悟していこうと励ましている。そして、それが天が喜ぶ生き方なのだと教えるのだ。
佐藤一斎も次のように述べているのが参考になる。

「人の一生で出会うものは、道にたとえれば、険しいところもあり、平坦なところもある。また、水路にたとえれば穏やかな流れもあり、逆巻くような大波もある。こういうことは、自然の運命であり、免れることはできないことである。易でいう道理ということだ。だから人は、今自分の居るところに安住して、このような変化を楽しめばいいのだ。そうでなくて、これを急ぎ避けようとするのは、決して人生の達人の見識とは言えないだろう。」

（『南洲手抄言志録』二十五条）

「人は忙しい中にも静かにくつろぐ時を持たなくてはならないし、苦しみの中にあってもそこに楽しみを見出す工夫をしなければならない。」

（『南洲手抄言志録』九十三条）

これは「忙裏《ぼうり》に間《かん》、苦中《くちゅう》に楽《らく》」というが、後に、陽明学者・安岡正篤《まさひろ》の「六中観」にある、「忙中に閑あり」「苦中に楽あり」と同様の趣旨である。

安岡の六中観も、これまで学んできた稲盛と西郷の「生き方」の理解に役立つ内容なのでここで紹介しておきたい。

第一は「忙中閑あり」である。これは、ただの閑は退屈して精神が散じてしまう。忙中につかんだ閑こそ本当の閑であるということだ。

第二に、「苦中楽あり」。苦しみの中に初めて楽しみがあり、楽しみばかりでは人をダメにしてしまうということ。

第三に、「死中活あり」は本当にせっぱつまった死の覚悟の中に活があるということ。

第四に、「意中人あり」は自分の心の中にいつも人がいて、いざというときには、それらの人が役立ってくれるというよき人脈、本物の友人についての話。

第五に「壺中天あり」人間はどんな境地にあっても、自分だけの内面世界をつくり得るということ。哲学でも趣味でもよいが、いかなる壺中の天を持つかによって、人の風致が決まるという。

第六に「腹中書あり」は自分の腹中に哲学、信念がある、万巻の書がある、ということ。人間、哲学も何もなく、腹が空っぽでは仕方がないということだ。

稲盛は、われわれの人生を形成する要素として二つのものがあると考える。

一つは「運命」であり、もう一つが「因果応報の法則」である。

「運命」は持って生まれたものであり、「因果応報の法則」は思ったこと、行動したことが原因となって結果が生じるというものである。

「つまり、われわれの人生をつくっている要素には、その人がもって生まれた『運命』と、その人の現世における思いや行動によってつくられる業（カルマ）がなす現象との二つがあるわけです。表現を換えれば『運命』と『因果応報の法則』がまるでＤＮＡの二重らせん構造のように縒り合って人生がつくられているのです。

ここで大事なことは、『因果応報の法則』が『運命』より若干強いということです。そのため、われわれはこの『因果応報の法則』を使うことで、もって生まれた『運命』をも変えていくことができるのです。つまり、善きことを思い、善きことを行なうことによって、運命の流れをよき方向に変えることができるのです。」

（『稲盛和夫の哲学』ＰＨＰ研究所）

このように人生とは「運命」と「因果応報の法則」が織りなすものであるから、よいときもあれば悪いときもあることになる。そして稲盛は、このような波瀾万丈の人生は、創造主が私たちに与えてくれた「試練」と見るのである。つまり幸運に恵まれることも、災難に遭うことも試練で、「その試練にいかに対処するかによって、人生はさらに大きく変化していく」のだという。

つまり幸運にめぐまれても、決しておごり高ぶることなく、謙虚に生きていかねばならないという試練があり、これは大変難しくても乗り越えないと大きなしっぺ返しがあることになる。

災難、苦難という試練に対して、世をうらみ、人をねたんだりせず、これを自分の向上のためだととり組み乗り越えていく。

こういった人は逆に、必ずすばらしい成功と明るい未来を手に入れるはずだ。何よりも、世のため人のために役立つ人になるという、「生きる意味」を手にしていくことになるだろう、ということだ。

そして稲盛は次のように述べるのである。

「『運命』と『因果応報の法則』が織りなす人生は、まさに諸行無常、波瀾万丈の人生です。平穏で平坦な人生などありません。そんな人生で苦難と幸運のどちらの試練に遭遇しようとも、つねに謙虚に前向きに対処できるかどうか、それによって先ほどもいったように、その人が天国のような人生を生きるのか、地獄のような人生を生きるのかが決まってくるのです。」

（『稲盛和夫の哲学』ＰＨＰ研究所）

外国、外国人とのつき合い方

人間としての原理原則というものは、国の違いや時代の新旧を超えた、人類すべてに共通するものなのです

稲盛和夫

道《みち》は天地自然《てんちしぜん》の物《もの》なれば、西洋《せいよう》といえども決《けっ》して別無《べつな》し

西郷隆盛

西郷は薩摩藩の下級武士出身で、担当する仕事も農村の見回りをする監視役であった。したがって外国との関係を考える機会は、斉彬に見出され、抜てきされた後のことである。もっとも、時代は尊王攘夷の嵐が吹き荒れたころであるから、青年時代の西郷もその影響はすでにあっただろう。

それに加え、斉彬にともなって江戸に出たとき、日本における尊王攘夷の象徴的存在だった水戸の藤田東湖に学び、しばらくは、西洋への反発は強かったにちがいない。

しかし、尊敬する斉彬は、外国との適切な交流なしに今後の国家運営は難しいことを自らが世界情勢を探ったうえ、分析してよく知っていた。藩主の地位についてからは、一層、海外の文化、技術の研究、導入に力を入れた。まず国力を充実し、その後に積極的に外国との交際を促進していこうというのであった。

おそらく、西郷も斉彬に指導されながら、自らの中でも日々葛藤しつつ、外国との関係をどうすべきか、どうあるべきかを考え続けていただろう。

しかし、本当に自らの考え方が確立していったのは斉彬死後のことである。自らが藩政そして国政のリーダーとして時代を率いなければならなくなったからだ。日本をねらう西洋各国の外交筋と接しつつ、中国（清）や朝鮮の情勢を見つつ、日本の地位をいかに守り、日本をいかに発展させるのか、自分で真剣に考えざるをえなかったのである。

盟友である大久保も、外国との関係をどうしていくのかは、日々考え抜いていた。

大久保が外国のことを意識したのは、西郷よりかなり早かったのではないかと推察される。なぜなら、大久保の父は琉球館附役《りゅうきゅうかんつけやく》の仕事をし、薩摩藩の対外貿易にかかわっていたからだ。さらに母方の祖父は、皆吉鳳徳《みなよしほうとく》といい、若いころ、長崎、江戸で蘭学、医術を学んだ人物である。海外事情に詳しく、日本で最初の西洋式帆船「伊呂波丸」を建造したことでも知られている。こうした影響もあってか、大久保は、西洋の文明、技術の積極的導入による産業の発展という現実政治を優先する傾向にあった。これに対して西郷は、個人の生き方においても、国の進むべき道も、積極的な文明導入、産業育成よりも、「正しい道」を進むべきことを第一優先と考えるのであった。

もちろん、西洋のよいところは、学び、導入するけれども、全てを西洋崇拝しての導入はいけないというのである。

さらに、外国とのつき合い方について、次のように力説する。

「正しい道を踏んで行い、そのためには国を賭けて倒れてもやるという精神がないと、外国との交際はうまくいかないであろう。外国の強大さに畏縮して、ただ円滑に事を収めることを主として、自国の意思を曲げて外国の言うままになって従えば侮りを受け、親しい交わりのつもりがかえって破れ、ついには外国に制圧されてしまうだろう。」

（『南洲翁遺訓』十七条）

幕末、明治維新を体験してきた明治人は、骨があるというか気概に満ち溢れている人が多かったようだ。西郷のほかにも、たとえば福沢諭吉も『学問のすすめ』の中で次のようにいっている。

「向こうに正しい道理があるならば、たとえアフリカの未だ発展していない国の人たちであろうともきちんと詫び、こちらに正しい道理があれば、たとえイギリスやアメリカの軍艦であっても恐れてはいけない。国が恥辱を受けたときは、日本国中の国民一人残らず命を捨てて、国の威光を守り抜かなくてはならない。こうして一国の自由と独立が守られるのである。」

（『学問のすすめ』より）

では稲盛は、外国人あるいは外国とのつき合い方をどう考えていたのだろうか。

結論からいうと、かなりのところ西郷の考え方と共通しているようだ。なぜなら、やはり稲盛は、すべての面で「人間として正しいことを貫く」という原理原則に忠実だからである。しかも、それはかえって、外国の理解を得られやすいのだという。

これまでの日本の外交交渉は、日本の事情ばかりを説明し、決して正しい原理原則とはいえないことでも、自分たちの目先の利益だけを守ろうとしていた。あるいは逆に、卑屈になってしまい、「正しい」と思うことを堂々と主張せずに、相手におもねるようなことばかりをいい、そして従ってきた。つまり正しいと考える原理原則を貫くことをしなかったのだ。

だからこそ、次のように述べる。

「グローバル化が進み、島国ニッポンも国際社会の中で生きていかなくてはなりません。仕事だけでなく、日常生活においても、外国人とのつきあい、ときには『渡り合わなくてはならない』場面も出てくるかもしれない。しかし、そういうときでもへつらったり、おもねる必要はありません。

むしろ、道理に照らして正当であると思ったことは堂々と主張したほうがよい。そうすれば、もともとロジカルな文化を持つ欧米の人たちは、その正当性を十二分に理解、尊重してくれるはずです。

判断の基準はつねに、自分の胸に手を当てて、『人間として正しいかどうか』におくべきなのです。なぜなら、それは国境を超えた普遍性を有するため、多少の文化的な衝突はあっても、根っこのところでは、かならず彼らも理解してくれるからです。」

（『生き方』サンマーク出版）


稲盛は、アメリカで会社の合併や会社の経営を進めていく中で、苦労の末、原理原則を守ることがかえって相手の心からの理解を得られ、後のより大きな成功へとつながっていった体験を持つ。その過程の中で得られた成果の一つが『成功への情熱』（ＰＨＰ研究所）の内容である。

この本は、アメリカのマグロウヒル社から出版された書籍の日本語版である。当時従業員が一万人近くもいたアメリカの有力な電子部品メーカー・AVX社を京セラが買収したとき、京セラの理念、稲盛の考え方を知ってもらうために勉強会を続けた。まず稲盛の『心を高める、経営を伸ばす』（PHP研究所）を英訳したものをAVX社の幹部に読んでもらい、その後に稲盛への質疑応答を加えて、アメリカ人向けに編集したのである。

この勉強会の結果、AVXの社員も京セラの経営哲学、稲盛の考え方に共感を持つようになり、お互いを信頼し合い、尊敬し合い、業績も飛躍的に伸びていったのである。

稲盛はいう。

「時代がどのように変わろうとも人間の本質は変わらない。必要なことは『人間とは何か』『人生とはいかにあるべきか』『人間として何が正しいのか』など、人間としてもっとも基本的な倫理、哲学を真剣に探求することであり、その中で自己の存在意義を確認し、自らの人生の指針としての哲学を確立することである。」

（『成功への情熱』PHP研究所）

この言葉は、次の西郷の教えにも通じる重要な原理・原則なのである。

「忠孝（忠義と孝行）、仁愛（他人への思いやりと尊重）、教化（道徳心の育成、教育）は、国の政治の大きな本となるものであって、万世にわたり、宇宙のどこにおいても変わらない大事な道である。この道は天地自然の物であるから、西洋といえども決してちがうものではないのである。」

（『南洲翁遺訓』九条）

こうして比較し学んでみると、稲盛と西郷の考える外国とのつき合い方、外国人との接し方の共通点がよく理解できるといえよう。

日本の進むべき道

世相とは、まさに人々の心を映す鏡です。企業や経済の健全な活発も、社会や国の明るい未来も、世界の人々の安寧も、すべては私たち一人ひとりがその心を磨き上げることから始まるのです

稲盛和夫

正道《せいどう》を踏《ふ》み国《くに》を以《もっ》て斃《たお》るるの精神《せいしん》無《な》くば、外国交際《がいこうこうさい》は全《まった》かるべからず

西郷隆盛

西郷は、時代の変革を推し進めていく革命家であったが、維新成就後は理想を追い求める政治家として生きようとした。

もっとも現実政治の面では、自分には不向きなこともあると思っていたし、利権や私欲に走る政治家や官僚を目にし、いくら注意しても直らないその姿に嫌気がさしてしまうようになっていた。

しかし、西郷抜きの維新の完遂はままならないため、廃藩置県などの封建制からの脱却を推し進める責務を果たしたのである。

この廃藩置県の決定から、その後の大混乱をどう防ぎ、封建制に付随する制度の廃止とその実現をいかにやり遂げていくか。それこそが重大かつ最困難な政治課題であったことは理解できよう。誰が、それを実現できるのか。

それは理想に向かって命もいらず、名もいらず、金も地位もいらないという西郷でしかなし得なかったといえる。

実際に、岩倉使節団として日本の主要な政治家がまる二年もの間、日本を留守にしている間に、西郷が率いる留守政府がすべてをやるのである。

西郷内閣二年間の政治は、封建制や、身分差別の撤廃、学制の公布など近代化において多くの実績を挙げた。

しかし、欧米視察組が帰国したところから、また、異質の政治権力闘争に巻き込まれる形で〝征韓論争〟が起き、西郷は中央政治から身を引くことになるのである。

西郷は〝征韓〟の立場ではなかったと私は考える。なぜなら西郷の政治信条は、個人の生き方と同じく「正しい道を踏んで、道義をつくす」ことにあるからである（『南洲翁遺訓』十八条）。ましてや「言行一致」と「知行合一」をも信条としている。たやすく外国への侵攻を考えるとは、私は考えられないのだ。

また西洋諸国が、未開の国々をむごくて残忍な方法で侵略し、自分たちの利益をはかってきたことを西郷は批判し、「慈愛をもとにして、懇々と説きつつ文明開化を導くべきだ」と説いている。外交においても、内政と同じく、道徳、道義を貫こうという姿勢は一貫している。

先の倫理学者の勝部真長は著書『西郷隆盛』（ＰＨＰ研究所）でも、その「まえがき」で次のように指摘する。

「西郷が、陣中より鹿児島の大山県令あての手紙に、『最初より我等においては勝敗をもって論じ候わけにてはこれなく、もともと一つ条理に斃《たお》れ候見込のこと』といっていたように、西郷はただ一つの筋を通すことだけを考えていたのである。その条理とは、『南洲遺訓』に明らかなように、『正道を践み、義を尽す』ことであり、正義・人道を貫くことにあった。大久保らの明治政府は、富国強兵を目的としていたが、西郷は、道義国家を目的とし、正義・人道なくして、富国強兵のみの国家はありえない、という主張であった。遣韓大使を希望したのも、正義・人道の立場で交渉したかったからである。」

（『西郷隆盛』ＰＨＰ研究所）

内村鑑三は、『代表的日本人』の西郷の説明を次の文で締めくくる。

「西郷には、純粋の意志力との関係が深く、道徳的な偉大さがあります。それは最高の偉大さであります。西郷は、自国を健全な道徳的基盤のうえに築こうとし、その試みは一部成功をみたのであります。」

（『代表的日本人』鈴木範久訳　岩波文庫）

確かに、西郷の考えた有徳国家は、その後の歴史を見ると、実現にはほど遠いものとなっているようだ。

しかし、内村鑑三がいっているように、「その試み」は、志ある日本人たち、特に西郷の教えを学び、実践していこうとする人たちに受け継がれているのである。

稲盛もその一人である。

稲盛は、川勝平太の提唱した「富国有徳」の提言に賛同していた。「富国有徳」とは、「富でなく徳による立国。あるいは豊かな富の力を生かして、徳をもって他人や他国に報いるという国のあり方」である。

「武力や経済力ではなく、徳をもって他国に、『善きこと』をなし、信頼と尊敬を得る」（『生き方』サンマーク出版）というのである。

そして、自らも次のように力強く述べる。まさに西郷の〝有徳国家〟の試みを実践していこうというものである。

「日本がめざすべきは、経済大国でも軍事大国でもなく、こうした徳に基づいた国づくりではないでしょうか。ソロバン勘定に長けた国でもなく、軍事力の誇示に忙しい国でもなく、徳という人間の崇高な精神を国家理念の土台にして世界に接していく。

そういう国家になったとき、日本は国際社会からほんとうに必要とされて、尊敬される国となるはずです。また、そういう国を侵略しようとする輩もいないでしょう。そういう意味では、最善の安全保障政策でもあるはずです。」

（『生き方』サンマーク出版）

世のため、人のために生きる

利他の心とは、自分だけの利益を考えるのではなく、自己犠牲を払ってでも、相手に尽くそうという心であり、人間として最も美しい心である

稲盛和夫

事《こと》に当《あた》り思慮《しりよ》の乏《とぼ》しきを憂《うれ》うること勿《なか》れ。およそ思慮《しりよ》は平生《へいせい》黙坐《もくざ》静思《せいし》の際《さい》に於《おい》てすべし

西郷隆盛

稲盛の成功し続ける真の理由を学び検証するために、これまで稲盛と西郷の人生と考え方を、それぞれ比較しつつ詳しく学んできた。その作業の中で、二人の生き方は、わかりやすい言葉でいい表すと、「世のため、人のため」というものであることがわかった。「世のため、人のために生きる」ことができるようになることが私たちの人生にとっても「正しい進むべき道」であることを二人は教えてくれている。

京セラの社是であり、稲盛自身の信条でもある「敬天愛人」という言葉も、「世のため人のために生きる」ことが天や宇宙や創造主といった私たちを見守ってくれている存在の求めている理想の生き方にちがいない、として生まれたと見ることができる。「天を敬い人を愛する」そして「世のため人のために生きる」は、「利他の心」と言い換えることもできる。

誠実、勤勉、利他の精神は、資本主義の精神ともいわれる。すなわち、ビジネスは、ただ利益をあげるだけではないのであって、それは、誠実にそして勤勉に働き、ほかの人の利になることを行っての結果としての「利」でなければならないということである。

マックス・ウェーバーが解明したこの資本主義の精神は、欧米ではプロテスタントの倫理に基づくとされたが、日本においては、儒教の精神を基礎にして、江戸中期に出た石田梅岩《ばいがん》の「心学」によって展開された。

石田梅岩は、利益の追求は、決して罪悪ではないが、その方法は、人の道に沿ったものでなければならないと主張している。どんなことをしてでも儲かるというのはよくないことであって、利を得るには正しい道を歩んでこそ認められるというのである。

日本資本主義の父と呼ばれる渋沢栄一も、『論語と算盤』と著書に名前をつけただけあって、論語の教えを守って正しい道を進み、事業を行うことを徹底したのである。

第三章でも紹介した二宮尊徳の生き方も、誠実、勤勉、正直、世のため、人のためにというマックス・ウェーバーの資本主義の精神そのものであった。

マックス・ウェーバーが、資本主義の精神の象徴として紹介した、アメリカ建国の父、ベンジャミン・フランクリンと同じように、倫理感を強く持ち、そしてそれを仕事と人生において実践した。いうならば、二宮尊徳は〝日本のベンジャミン・フランクリン〟と呼んでもよい存在である。

かつて全国の小学校の正門近くにあった二宮金次郎（二宮尊徳の幼名）の像が、薪を背負いつつ読んでいる本は『大学』である。その書き出しは次のように書かれている。

「大学の道は、徳を明らかにするに在り、民を親しむるに在り、至善《しぜん》に止まるに在り」

（『大学』より）

すなわち「大学で学ぶべき道は（立派な人間になるために学ぶべきことは）、すばらしい人としての徳を身につけていき、その徳をもって世のため人のために生かし、周りの皆が親しみ幸せになるように尽くし、そこに最高の善がもたらされるようにすることである」という趣旨である。これもまさに、「世のため、人のために」という「正しい道」「正しい生き方」、「資本主義精神の真髄に通じること」が語られている。

西郷も、『南洲翁遺訓』を読めばすぐわかるが、全体にわたって「誠実、勤勉、利他の心（無私の心）＝正しい道を歩んでいく」という、今を生きる人たちが目指すべき生き方を述べている。

「少しも私心をはさんではいけない。」

「自分をよく慎んで、品行を正しくし、驕ってぜいたくになることを戒め、倹約し、職務を勤勉に勤めよ。」
「（世のため人のために生きるという）志を押し広めようとする者にとって、もっとも心配なのは、自分のことばかり考えて、ケチとなり、卑俗な生活に安んじてしまうことだ。」
「自分のことだけを愛し大切に考えることは、よくないことの第一である。」

（『南洲翁遺訓』一条、四条、二十三条、二十六条）

このように、自分の利益ばかり考えるようではいけない、「天を敬い人を愛する」ように生きよ、とくり返すのだ。

稲盛も、私心を抑える努力を続けてきた。そして自分よりも他者の利を優先するという心こそ、人間の持つすべての徳のうちで、「特上、最善」のものだと考えているのである。実際の経営者としての決断、行動を見れば、それがいかに正しいかがわかるだろう。

「世のため、人のために生きる」こと。そして「敬天愛人」。

これが、これまで稲盛と西郷の人生に学んだ人間としての正しい道だ。

そして、稲盛が、成功しつづける理由なのである。

参考文献

『稲盛和夫のガキの自叙伝』稲盛和夫（日本経済新聞出版社）
『人生の王道』稲盛和夫（日経 BP）
『生き方』稲盛和夫（サンマーク出版）
『実践経営問答』稲盛和夫（PHP 研究所）
『稲盛和夫の経営塾：Q&A 高収益企業のつくり方』稲盛和夫（日本経済新聞出版社）
『人生と経営』稲盛和夫（致知出版社）
『稲盛和夫の哲学 人は何のために生きるのか』稲盛和夫（PHP 研究所）
『心を高める、経営を伸ばす』稲盛和夫（PHP 研究所）
『敬天愛人：私の経営を支えたもの』稲盛和夫（PHP 研究所）
『成功への情熱』稲盛和夫（PHP 研究所）
『哲学への回帰：資本主義の新しい精神を求めて』稲盛和夫・梅原猛（PHP 研究所）
『西郷隆盛』勝部真長（PHP 研究所）
『西郷隆盛（上）』井上　清（中央公論社）
『大久保利通と明治維新』佐々木克（吉川弘文館）
『薩摩のキセキ 日本の礎を築いた英傑たちの真実！』西郷吉太郎・西郷隆文・大久保利泰・島津修久（総合法令出版）
『通勤大学図解・速習 西郷隆盛の教え 西郷南洲遺訓』ハイブロー武蔵（総合法令出版）
『生きる力が身につく論語 三六五話』ハイブロー武蔵（総合法令出版）
『図解・速習 新訳 学問のすすめ』ハイブロー武蔵（総合法令出版）
『通勤大学図解・速習 言志四録 佐藤一斎の教え』ハイブロー武蔵（総合法令出版）
『日経ビジネス』2005 年 10 月 10 日号、11 月 28 日号、12 月 5 日号

［著者］**遠越段**（とおごし・だん）

東京都生まれ。早稲田大学卒業後、大手電器メーカー海外事業部に勤務。１万冊を超える読書によって培われた膨大な知識をもとに、独自の研究を重ね、難解とされる古典を現代漫画をもとに読み解いていく手法を確立。偉人たちの人物論にも定評がある。

著書に『運命を拓く×心を磨く　本田宗一郎』『時代を超える！　スラムダンク論語』『人を動かす！　安西先生の言葉』（すべて総合法令出版）などがある。

※本書は『稲盛和夫はなぜ成功しつづけるのか』（総合法令出版刊）の改訂新版です。

運命を拓く×心を磨く
稲盛和夫

2024年11月20日　初版発行

著　者　遠越段
発行者　野村直克
発行所　総合法令出版株式会社
〒103-0001 東京都中央区日本橋小伝馬町 15-18
EDGE 小伝馬町ビル 9 階
電話　03-5623-5121
印刷・製本　中央精版印刷株式会社

ISBN 978-4-86280-970-4
総合法令出版ホームページ　http://www.horei.com/